DESCOMPLIQUE!

Um guia de convivência e elegância

Vanessa Barone

LeYa

PREPARAÇÃO DE TEXTOS **Bruna Cristina Ferreira**

REVISÃO DE TEXTOS **Silvio Lourenço**

CAPA **Victor Burton**

PROJETO GRÁFICO **Amanda Dafoe**

FOTO DA AUTORA **Ana Vitale**

ILUSTRAÇÕES **Weberson Santiago**

Dados internacionais de catalogação na publicação (CIP-Brasil)
Ficha catalográfica elaborada por Oficina Miríade, RJ, Brasil.

B265 Barone, Vanessa, 1972-
Descomplique : um guia de convivência e elegância / Vanessa Barone. – São Paulo : Leya, 2010.
143 p.: il.

Bibliografia: p.143.
ISBN 978-85-62936-40-1.

1. Etiqueta. 2. Conduta. 3. Estilo de vida. 4. Comportamento social. I. Título.

10-0016 CDD 395

2010

TEXTO EDITORES LTDA.
[Uma editora do grupo Leya]
Av. Angélica, 2163 – Conjunto 175
01227-200 – Santa Cecília – São Paulo – SP – Brasil
www.leya.com

para João, que enxergou o invisível em mim

Talvez você já tenha disputado uma coxinha com um garotinho de seis anos, numa festa pretensamente para adultos. Ou teve de dividir seu naco de areia, na praia, com um cachorro peludão e mal-encarado. Também acredito que você já tenha se deparado com situações em que, simplesmente, não sabia o que vestir ou como se portar. Eu já passei por tudo isso. Daí a razão de escrever este livro, que reúne essas e outras situações desta nossa complicada vida em sociedade.

Porque dito assim – vida em sociedade – a coisa parece poética e fácil. Mas nada é mais desafiador, nos dias de hoje, do que deixar de lado o próprio umbigo para lembrar que existem outros umbigos – ou outros pontos de vista. O individualismo é um fato. É fácil desconsiderar o outro, fazer somente a própria vontade, ser deselegante e grosseiro nas mais diversas situações. Fazemos isso sem perceber.

Não quis fazer uma cartilha de boas maneiras, nem um guia de moda – embora a moda esteja presente, pois é parte de nossa expressão. Mas uma espécie de manual de "boas práticas", para tirar a gente daquelas roubadas homéricas e deixar tudo mais leve enquanto enfrentamos o real desafio que é conviver – de preferência, em paz – com o vizinho, o parente distante, o colega de trabalho e todos os garotinhos de seis anos e os cachorros mal-encarados que vierem.

Sumário

I - Eu: figurino, beleza e afins

1. Novos trajes: um passeio completo pelo moderno chique

Foi para ordenar e padronizar a aparência em diversas ocasiões festivas que foram criados os trajes "esporte fino", "passeio completo", "black tie" etc. – sobre os quais os manuais de moda costumam discorrer. Mas, francamente, nos últimos anos, quantos convites você recebeu pedindo qualquer um deles? Aposto que bem poucos ou nenhum. Simplesmente porque as regras do jogo mudaram tanto quanto os estilos pessoais ficaram complexos. Tentar agrupar as pessoas em um vestuário padronizado se tornou anacrônico – sobretudo, usando-se como referência esses trajes citados acima. No mundo contemporâneo, o estilo está cada vez mais individual e atrelado ao modismo.

Falando sobre o século XIX, em *O Espírito das Roupas*, a cientista social Gilda de Mello e Souza escreve: "A festa é a vida em exceção." Na obra, ela afirma que a festa era o ponto de transição entre a vida real e o mundo da arte. Em alguns momentos da história, como no Renascimento, essa diferenciação era mais difícil de notar, pois se perseguia, a todo momento, a perfeição estética. No século XIX, com uma sociedade voltada para a vida doméstica e para o trabalho, os momentos festivos e o cotidiano passaram a ser vistos de forma antagônica. A festa era o momento de liberar as fantasias e os sonhos, que ficaram contidos no resto do tempo.

Esta diferenciação entre o traje público e o privado continua valendo hoje. Não é à toa que aprendemos com nossas mães a diferença entre "vestido para bater" e "vestido para sair". Mas no século XX, com a ascensão da moda jovem, principalmente, a partir dos anos 1960, a estética mudou. Entre outras coisas, essa mudança fez, pouco a pouco, o jeans deixar de ser aquela coisa suja e desbotada – coisa de "juventude transviada" – para virar roupa "de sair". Com o tempo, ele passou de bandeira em prol da liberdade à peça curinga para qualquer ocasião – mesmo as chiques. E o surgimento de tantas marcas de jeans de luxo, principalmente americanas, só acelerou a sua entrada nos salões de festa mais requintados. Afinal, o sujeito que paga mais de R$ 1 mil numa calça jeans quer exibi-la em qualquer lugar.

A tradicional grife francesa Louis Vuitton, por exemplo, exigia no convite para uma de suas festas de lançamento de coleção o traje "fashionable chic". Captou? Na prática, a recomendação resultou em mulheres de vestidos curtos ou longos, chiques ou casuais; em homens de ternos ou somente de blazers; além de várias pessoas de calças jeans.

E por falar em Louis Vuitton, vale lembrar que a crescente valorização do conceito de grife foi outro fator que contribuiu para tornar aquela definição de trajes – citada no início – obsoleta. Hoje o que rege o bom gosto no topo da pirâmide de consumo são as grandes marcas. Ou seja, não importa que tipo de roupa se usa: se ela for da grife certa, está tudo liberado. E dá-lhe nomenclaturas variadas – como "fashionable chic" ou "casual fashion" – para tentar definir o indefinível.

Porém mesmo próximos do vale-tudo social, há regras de bem vestir que não mudaram. É sempre bom lembrar que a roupa e os acessórios continuam a ser as primeiras "mensagens" que transmitimos, e é preciso estar atento ao que espalham sobre nós a outras pessoas. Alguns exemplos:

1 Jeans desgastado, camiseta com ar "podre": se você não for um astro do rock ou apresentadora de televisão, esqueça. A imagem que fica é de desleixo mesmo, e não de excentricidade.

2 Excesso de babados, laços e flores num mesmo figurino: romantismo, excesso de feminilidade. Vai bem em quem quiser bancar a Penélope Charmosa.

3 Cores contrastantes: segurança, personalidade forte. Tipo "comigo é tudo preto no branco".

4 Estampas geométricas ou listradas: modernidade e autoridade. Para quem não faz rodeios e vai direto ao ponto.

5 Terno risca de giz: poder e intimidação. Saca o visual mafioso?

6 Visual preto da cabeça aos pés: se não estiver de luto, vai passar a ideia de alguém distante, misterioso e pouco amigável. Mas o visual ainda é contemporâneo e pega bem na primeira fila dos desfiles de moda.

7 Roupas estruturadas demais: rigidez. O figurino fica com cara de armadura e parece dizer: "mantenha-se à distância".

8 Mulher usando branco em casamento alheio. Precisa de explicação?

2. Equação fashion: menos moda, mais elegância

Na minha visão, um guarda-roupa equilibrado é composto por até 20% de peças "da moda". O restante deve ser de roupas e sapatos que tenham a cara do dono. Dessa forma, dá para manter um figurino atualizado com as tendências da estação, sem virar um "frankenstein" do estilo.

Não acredite em tudo o que lê nas revistas de moda. Para a maioria dos mortais, mudar de aparência conforme o sabor da moda fica esquisito. Não dá para ir do *punk* ao *nerd*, ou de romântica à sadomasoquista, em apenas seis meses, sem comprometer a credibilidade. Manter um estilo, apesar do vaivém da moda, é um desafio. Mas é também a melhor forma de passar uma mensagem de autoconfiança, estabilidade e, por que não, inteligência. Portanto, antes de decidir se vale a pena embarcar na moda da calça "sarouel" (aquela com o gancho baixo), identifique se você combina com ela. Esse tipo de calça tem uma imagem esportiva – se feita de malha, pois lembra as calças para a prática de ioga –

ou moderna, quando é de tecido de alfaiataria. Se esses adjetivos – esportivo ou moderno – não servirem para expressar seu gosto, melhor repensar a compra. Identificar e seguir um estilo pessoal restringe as opções diante das araras de uma butique ou mesmo de uma loja de artigos de decoração, mas vai resultar num dinheiro mais bem investido.

As consultoras de imagem americanas Alyce Parsons e Allison L. Better já teorizaram sobre os chamados "estilos universais", na obra *What's My Style?* (1995). Segundo elas, a pessoa pode não se enquadrar em apenas uma categoria, mas há sempre a predominância de uma delas na aparência.

Tipos de estilos universais

Tradicional

Mulher: é a imagem da executiva, séria e conservadora. Transmite autoridade e credibilidade, principalmente por apreciar roupas com apelo masculino, de alfaiataria, clássicas, de linhas retas e que não modelem o corpo. O guarda-roupa inclui costumes, tailleurs, saias retas, twin-sets, scarpins, bolsas estruturadas e médias, bijuterias e joias discretas. Exemplo: pérolas.

Homem: tem aspecto conservador e formal. Aparenta não ter estilo definido. Sua roupa é estruturada, sóbria e com linhas retas. As cores preferidas são neutras para os costumes, claras para as camisas e escuras ou médias para as gravatas.

Romântico

Mulher: normalmente expressa mulheres suaves e gentis. É o oposto da imagem da executiva durona, pois transmite feminilidade. A roupa passa a ideia de jovialidade e de alguém voltada para o lar e a família. Entre os itens escolhidos estão peças com laços, rendas e fitas, estampas florais, tons claros e acessórios com linhas arredondadas, como berloques em forma de coração.

Homem: sua aparência é amigável. Muitas vezes, o homem romântico tem cabelos mais compridos. Gosta de roupas desestruturadas, como tricôs com aspecto artesanal e de lã macia. Também aprecia as cores claras e as combinações com pouco contraste ou monocromáticas. Os tecidos são macios e fluidos.

Esportivo/natural

Mulher: expressa pessoa enérgica, despretensiosa, afável e, ao mesmo tempo, sem vaidade, básica e que gosta de coisas práticas. Essa mulher usa pouca ou nenhuma maquiagem, gosta de roupas confortáveis, com bolsos estratégicos e desenho esportivo, como jaquetas, calças jeans, camisetas e blusões. Seus acessórios seguem a mesma linha – bolsas grandes e moles, botas de caminhada, sapatos com sola de borracha ou tênis, além de bijuterias de materiais naturais, como madeira e couro.

Homem: mesmas características da mulher esportiva/natural. Gosta de roupas que, além de confortáveis, sejam funcionais e com o design esportivo. As suas cores são neutras, incluindo os tons terrosos e pitadas de cores vivas ou em tom pastel. Esse homem veste calças de náilon ou algodão, do tipo cargo (com mil bolsos), camisas polo, moletom e bermudas, sempre que possível.

Dramático/moderno

Mulher: o estilo é teatral, transmite inacessibilidade, alma sofisticada e cosmopolita. É adotado por mulheres que gostam de ser o centro das atenções e passa uma ideia de segurança e modernidade. Quem adota esse estilo usa roupas estruturadas, com ombreiras, de cores fortes e contrastantes. Também gosta de usar apenas uma cor no look todo. Escolhe estampas exageradas, geométricas ou abstratas, e acessórios grandes, de preferência com desenho exclusivo.

Homem: transmite firmeza e sofisticação. Gosta de misturar tendências internacionais com modismos e referências do passado e do presente. Também usa formas estruturadas, com destaque para as ombreiras. Além das cores neutras escuras, ele usa algumas peças de cores vivas.

Elegante

Mulher: ela transmite distinção, polidez, serenidade e graciosidade. Ao mesmo tempo, parece alguém reservada. Não segue modismos e investe em peças duráveis, de boa qualidade e com caimento perfeito. Gosta de tecidos sofisticados, de preferência de fibras naturais, e de combinações de cores tom sobre tom. Nos acessórios, gosta de sofisticação e, acima de tudo, de parecer chique.

Homem: define-se pelo charme, refinamento e imponência. Faz questão de usar roupas benfeitas, de altíssima qualidade e sem detalhes muito vistosos, sem se preocupar em vestir as tendências do momento. Como a mulher elegante, ele também gosta de usar coisas atemporais. Prefere os tons escuros para costumes, e claros para as camisas.

Sexy/glamoroso

Mulher: é adotado por mulheres carismáticas, glamorosas, exuberantes, que se preocupam com o corpo e gostam de seduzir. Seu guarda-roupa básico é feito de roupas que marcam ou revelam partes do corpo. Usa muitas fendas e decotes, além de tecidos que marquem a silhueta ou transparentes. Adora cores chamativas, principalmente preto e vermelho, além de estampas de bichos. Usa cabelos compridos, saltos altos, maquiagem forte e acessórios com muito glamour.

Homem: ele também se preocupa com a forma física e passa a imagem de sedutor e confiante. Adora grifes caras e peças que modelem os músculos e revelem o corpo. Suas cores também são chamativas.

Criativo

Mulher: encara a roupa como um objeto de expressão da arte. Não tem medo de misturar tudo e de seguir a própria cartilha visual. Aprecia peças étnicas e antigas, para roupas e acessórios. O aspecto é de mulher inovadora, imaginativa, exótica e confiante no próprio estilo. Seu figurino tem várias cores e diferentes acessórios misturados. Também aprecia estampas de peles de animais ou pintadas manualmente.

Homem: Tem a aparência de alguém não convencional, original e aventureiro. Gosta de misturar referências (novo/antigo, ocidental/oriental) e de usar estampas. Prefere os tons terrosos ou escuros, com pitadas de cores fortes.

Obs.: Acabamos de ver que as pessoas possuem diferentes estilos. Mas vestir-se de acordo com um perfil não justifica ficar paralisado em certas manias. Já reparou que tem gente que só usa um tipo de roupa? Para essa gente, qualquer variação é uma ameaça à estabilidade. Há quem só se vista de preto e sequer admite colocar um tom vivo – muito menos uma estampa "cheguei". Conheço mulheres que nunca colocam saias ou vestidos, ou, ao contrário, nunca usam calças. Existem homens que preferem sofrer com o calor a trocar o tênis pela sandália de couro. As razões são diversas: inibição, religião, desilusão com o próprio corpo, medo de demonstrar fragilidade ou de parecer ridículo, e até para não desagradar o companheiro. Apesar de justificáveis, essas manias atrapalham o desfrute de um universo de possibilidades que o ato de vestir engloba. Trocar de figurino muda a perspectiva do olhar, além de fazer com que as pessoas também nos olhem de forma diferente – como se tivéssemos trocado de pele.

Em resumo, manter um estilo é bom. Não ficar escravo dele é melhor.

3. Boas compras: informe-se e conheça as armadilhas

Sou suspeita para falar, porque simplesmente adoro comprar roupas, sapatos e afins. Mas sei de muita gente que detesta. E entendo a razão: encontrar uma loja adequada, achar a peça certa, ter de experimentar e depois enfrentar a fila do caixa não é para qualquer um. E há ainda agravantes como vendedores inconvenientes, ambiente abafado, com pouca luz ou música alta, falta da sua numeração e outros tantos incômodos que fazem muita gente adiar por meses a ida ao comércio. Entre os fatores que inviabilizam uma boa experiência de compra, o que mais me irrita é ter de enfrentar gente mal-informada, metida à besta e que insiste em empurrar mercadorias que não vão atender às necessidades do cliente. Ninguém merece isso. Mas, como para a maior parte das pessoas, vestir-se ainda é essencial, aí vão algumas sugestões para encontrar o que se procura, efetuar uma compra inteligente e sobreviver aos maus vendedores.

1. Vá sabendo das coisas

Conheça os tecidos, para não "levar gato por lebre". O importante é saber que eles podem ser feitos de fibras naturais, artificiais ou sintéticas.

As **fibras naturais** vêm da natureza.
São elas:

- linho
- rami
- cânhamo
- juta
- lã
- cashmere/caxemira
- algodão
- seda

As **artificiais** são obtidas de elementos naturais, como celulose extraída da madeira ou borracha. Mas não vêm prontas, precisam ser industrializadas.

- viscose
- acetato
- liocel
- modal

Por fim, as **sintéticas**, que são fibras obtidas de elementos sintéticos, da indústria petroquímica. Elas costumam ser as fibras mais baratas da indústria, portanto, são muito utilizadas.

- elastano (como a Lycra®)
- poliéster
- acrílico
- poliamida (que faz o náilon, por exemplo)

É essencial saber a diferença entre *tecidos* e *construção*. Construção nada mais é do que o jeito como os fios são tecidos. Por exemplo: cetim não é tecido, é construção. A forma como os fios são agrupados é o que dá aquele efeito acetinado. Além dessa, as outras duas construções básicas da tecelagem são a sarja e o tafetá. Sabendo isso, você não cai mais na conversa de ninguém. Não adianta o cara dizer "esta blusa é de cetim, por isso custa R$ 500". Mas é cetim de quê? – você deve perguntar. Poliéster ou seda? Se a peça for de seda, é natural que seja mais cara.

A mesma coisa vale para o tafetá: quase todos hoje em dia são feitos de poliéster – não de seda, como era antigamente. Por isso, o preço caiu. O jérsei também não é um tecido, é um tipo de construção de malharia. Portanto, pode ser feito de algodão, de lã, seda, de fibras sintéticas ou da combinação de diferentes fibras.

Mas ninguém precisa ser adivinho para saber do que a roupa é feita. A legislação brasileira obriga os fabricantes a colocar informações sobre o tecido no verso da roupa – aquela etiqueta lateral. Portanto, basta olhar a peça pelo avesso, e deixar o vendedor de boca aberta com a sua esperteza.

E atenção, homens. Querem reconhecer um bom blazer? Então reparem nos seguintes detalhes:

- Os ombros devem ser do tamanho exato dos seus, nunca maiores
- O paletó deve ficar certo no corpo
- A gola não pode levantar quando você se senta
- De perfil, você não pode ficar corcunda
- Não pode haver pregas na parte de trás, na altura da cava (próximo às axilas)

- Não pode haver pregas entre as omoplatas
- As mangas não podem estar torcidas
- Repare se a estampa não está desencontrada próximo à costura

2. Conheça seu corpo

Você pode até não gostar de seu corpo, mas é imprescindível que o conheça. Nenhuma mulher ou homem deveria comprar roupas e acessórios sem ter plena consciência do que lhe fica bem. Só isso já evitaria um bom desperdício de dinheiro com compras inúteis – que acendem uma luz neon justamente naquela imperfeição que você gostaria que ficasse na sombra. E a roupa, acredite, pode fazer um verdadeiro milagre da camuflagem, quando bem escolhida. Pessoas muito baixinhas, por exemplo, "ganham altura" usando peças com listras verticais ou monocromáticas. Determinados tipos de blusas podem disfarçar seios muito grandes, da mesma foram que certas calças parecem murchar os quadris. A seguir, uma lista de armadilhas a serem evitadas:

Mulher baixinha

Evite:

- Salto plataforma exagerado
- Usar conjunto de cores contrastantes, como blusa preta e calça branca
- Estampa de listras horizontais
- Calçado com tira no tornozelo
- Calça com barra italiana
- Cabelos muito compridos

Homem baixinho

Evite:

- Calça com barra italiana
- Paletós muito longos
- Lapelas muito abertas e/ou largas
- Cinto de cor muito diferente do tom da calça
- Contraste de cores, como camisa branca e calça preta

Mulher com muito busto

Evite:

- Blusa com muita textura, como babados e bordados
- Ombreiras
- Mangas bufantes
- Frente única
- Tomara que caia

Mulher com muito quadril

Evite:

- Calça skinny
- Calça ou saia com bolsos proeminentes
- Calças com pregas
- Saias muito amplas
- Parte de baixo de cor clara ou estampada

Homem gordo

Evite:

- Contraste de cores, como camisa branca e calça preta
- Calças com pregas
- Barra italiana
- Paletós curtos
- Jaquetas "fofinhas"

Para os homens, há um tipo de colarinho ideal para cada formato de rosto e pescoço:

- Rosto fino e/ou pescoço comprido – opte por um modelo médio ou largo
- Rosto redondo – use colarinhos pontudos, tipo o inglês
- Pescoço curto – requer um modelo estreito

3. Desconfie do excesso de intimidade

Um dos truques mais manjados do comércio de roupas e acessórios é criar intimidade com o cliente. Não entendo direito esse vício de comportamento, incomum em outros tipos de comércio – como o de celulares ou de decoração. Mas em lojas de vestuário é batata. Os vendedores costumam perguntar seu nome assim que você se mostra interessado por alguma peça. No minuto seguinte, o chamam pelo diminutivo. Eu, por exemplo, costumo virar "Van". E é um tal de "ficou bom, Van?", pra lá, "quer outro tamanho, Van?", pra cá, que eu costumo me perguntar se apenas eu me incomodo.

Essa intimidade fabricada tem apenas um objetivo: fazer você comprar. Nem que seja por medo de decepcionar o vendedor. Convenhamos, é um truque baixo ou não é? Minha sugestão: fuja do vendedor "amigão". Eles são os piores. Vendedor bom é solícito, gentil, disponível, mas não tenta virar amigo do cliente, não exagera na simpatia nem, muito menos, fica querendo saber de sua vida.

Esclarecendo: eu não sou contra a amizade entre vendedores e consumidores. Eu acredito nela e sei que até é bem comum. Porém, como todos os vínculos que estabelecemos na vida, esse também demanda tempo e não ocorre por acaso. Consumidor bem atendido costuma voltar à loja e procurar pelo mesmo vendedor. Com o tempo, é inevitável que uma relação de confiança – e por que não, simpatia – aconteça. Mas até lá já deu tempo de saber se o profissional em questão é realmente merecedor de seu apreço ou se só queria se aproveitar do seu momento de fraqueza.

Obs.: De uns tempos para cá, venho notando que cresce a quantidade de lojas que oferecem espumante aos clientes. Antes eu só via isso em butiques que estavam inaugurando. Agora não: qualquer sexta-feira de sol é motivo para tilintar taças entre as araras de roupas. É realmente uma delícia. Desde que não se exagere. O perigo é acordar, na manhã seguinte, em meio a sacolas que você não se lembra de onde saíram – empurradas por alguém que não vai te ligar no dia seguinte.

Obs. 2: Outra mania recente do comércio de roupas é tocar música alta em suas butiques. O objetivo é incentivar a compra – eu imagino –, uma vez que o consumidor se deixe levar pelo batidão animado e esqueça o limite do cartão de crédito e outras coisas comezinhas. Não sei se funciona. Para gente como eu, isso só serve para irritar.

4. Saiba garimpar

Ninguém precisa ficar escrava das butiques dos grandes shoppings. É possível fazer boas compras em outros formatos de comércio.

Pontas de estoque e lojas de fábrica

Elas são uma ótima opção para quem deseja muito uma determinada grife, mas tem restrições orçamentárias – temporárias ou permanentes, reais ou psicológicas. O único perigo é se empolgar e perder o bom senso, adquirindo coisas duvidosas só porque são de grife. Se possível, leve uma amiga – daquelas bem sinceras – para ajudá-la a não cometer insanidades. Experimente tudo e se olhe bem no espelho. E lembre-se que até a sua grife preferida tem estoque encalhado e é justamente isso que eles vão tentar vender nesse momento. Acredite: o que havia de melhor, infelizmente, já foi arrematado durante a vigência da coleção nas lojas. O que sobrou deve ser olhado com desconfiança. Se a mercadoria sobreviveu à coleção original e à liquidação, a ponta de estoque é sua última chance de sair às ruas. Mas não às custas da sua elegância, por favor!

Grandes varejistas

Elas já eram boas. Ficaram melhores com a mania de contratar estilistas famosos para desenvolver coleções especiais. Esse tipo de parceria geralmente agrega informação de moda às coleções para uma grande difusão. O problema, muitas vezes, ainda é a qualidade. Não adianta ter uma roupa "assinada" por um estilista famoso e de tecido ruim. Portanto, atenção, como sempre, à qualidade. Outra boa oportunidade nesse tipo de loja é para comprar coisas básicas, como regata branca, pijama, lingerie, cuecas ou meias. Elas costumam ter as mesmas marcas líderes do mercado, mas com preços melhores.

Ruas de comércio popular

Eu sou meio resistente a elas, porque nunca encontrei algo que vestisse bem, tivesse um bom tecido e durasse muito. As peças sempre "acabavam" cedo demais, depois de lavagens e uso mais ou menos constante. Mas sei de gente que sabe garimpar e compra coisas lindas – e por preços inacreditáveis. Meu conselho é: não tenha afobação. Não vale a pena sair comprando só porque é barato. Analise, pense e não aceite comprar nada sem experimentar. Quase nunca isso dá certo.

Lojas internacionais

Sempre me fazem esta pergunta: vale a pena voltar de malas cheias depois de uma viagem à Europa ou aos Estados Unidos? Claro que vale. Explico: países desenvolvidos fazem roupa com tecido, tingimento e costura melhores. E isso não é preconceito, é uma realidade industrial. Nesses lugares, empregadas domésticas são mais raras, e os apartamentos, menores. O que significa que essas roupas terão de aguentar não só ir às lavadoras como também às secadoras. Isso tudo sem encolher, desbotar ou descosturar – porque se isso acontecer o consumidor vai colocar a boca no trombone!

Outra coisa: europeus têm mais meses de frio, portanto, costumam fazer melhor roupas de inverno que de verão – falando agora de estilo (puxando a brasa para a nossa sardinha: não há país que faça roupas de verão como o Brasil). Então, uma vez em lugares como França e Inglaterra, aproveite para comprar casaco e meias de lã (que são feitos realmente de lã natural, não de fio acrílico, como no Brasil), pulôver de merino ou cashmere/caxemira (outros tipos de lã) e malhas de manga comprida – mesmo que não sejam 100% algodão. Botas de inverno, se você viaja muito, também devem ser compradas no exterior, pois são feitas para aguentar o frio. Invista também em acessórios como cachecol, chapéu e luvas.

Nos Estados Unidos, além das peças de inverno citadas acima, vale a pena comprar itens básicos, como underwear, moletons e tênis. Também vale investir em casacos de náilon, desses com penas de ganso dentro, se você costuma ir a lugares frios. Eles esquentam muito e não pesam quase nada, além de serem impermeáveis. Os casacos de náilon são praticamente uma marca do estilo americano – estão por toda parte e por preços acessíveis.

SALE
SALE

4. *Liquidação: presservando o bom senso*

Diante de uma boa liquidação de roupas e acessórios, é difícil manter a compostura. Principalmente para as mulheres, mais sensíveis ao apelo das vitrines. Ver o objeto de desejo da estação baratinho é um convite a atitudes insanas – como esquecer o limite do cartão de crédito.

Antes que isso aconteça, é importante ter em mente o seguinte: para que servem as liquidações? Não são para fazer você economizar, mas para desovar o estoque da indústria da moda. Pense nisso antes de sair por aí arrematando o primeiro biquíni de crochê ou blazer amarelo-canário "de grife" que encontrar. Se eles chegaram à liquidação, desconfie. Podem ter encalhado e, provavelmente, não foi por acaso.

A segunda coisa importante é desconfiar de seu poder de discernimento diante das ofertas. Ele ficará comprometido pela promessa de conseguir um guarda-roupa atual pela metade do preço. Por isso, nunca é demais repetir: antes de sair de casa para entregar-se à fúria consumista, dê uma boa olhada no armário. Há algo realmente essencial que está faltando? Faça uma lista (e não deixe de reparar na pilha de coisas que você comprou na última liquidação e nunca usou). Depois encare o espelho e repare em seu corpo. É importante perceber o que lhe cai bem, para não sair arrematando qualquer coisa. Uma roupa barata não vale o desgosto de uma fenda que revela demais ou de um corte que aumenta as formas.

Tem gente que acha que liquidação é boa para comprar coisas básicas. Eu já pensei assim, mas mudei depois de ver a quantidade de coisas básicas que acumulei no meu próprio armário – e uma camisa branca é sempre uma camisa branca. E se você não é profissional da área da saúde, não precisa mais do que duas delas.

Hoje, acho melhor aproveitar as ofertas para investir em peças especiais, que façam diferença no guarda-roupa e que tenham a ver com o nosso estilo. Por exemplo: quem precisa trabalhar de camisa social deve investir num modelo de algodão egípcio (um dos melhores que existem) e corte impecável que entrou no saldão. Nesse caso, vale a pena comprar mais de uma, se a peça tiver vestido bem – o que, para as mulheres, significa ficar certinha nos ombros e não abrir na altura do busto. Mas para essa mesma pessoa comprar várias camisetas de malha, só porque estão baratas, é bobagem – elas só serão usadas nos momentos de lazer. Entende a diferença? Não é porque é época de liquidação que você precisa sair assinando cheques por qualquer coisa. Assim, compra-se menos e se consegue um impacto melhor.

Mas o que realmente NÃO se deve comprar em liquidação? Aí vai a minha lista:

- Sapatos de tamanhos diferentes do seu pé
- Sapatos de saltos altos, se você só usa saltos baixos
- Roupa de tamanho diferente do seu manequim
- Peças com defeito
- Peças que não tenham o seu estilo
- Roupas e acessórios de cores que não combinam com mais nada do seu armário

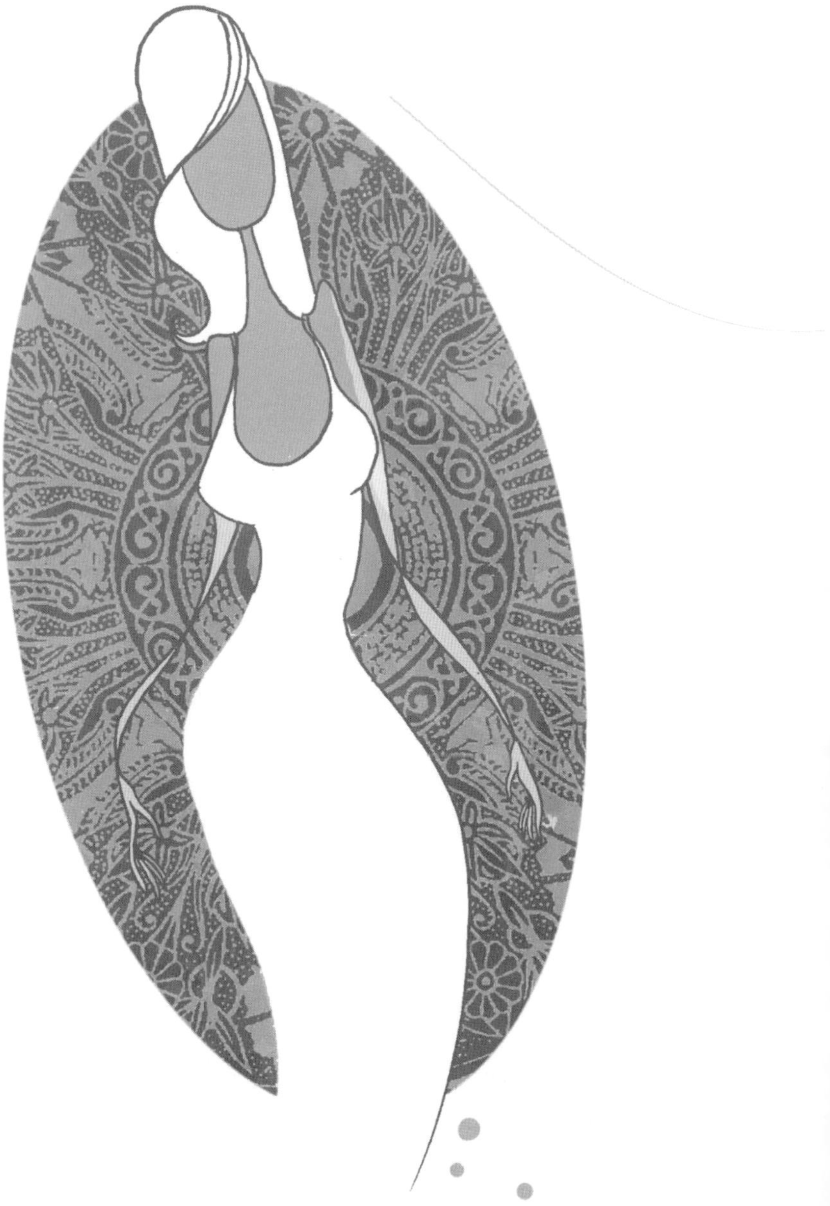

5. *Menos é mais: qualidade acima de tudo*

Com a atividade industrial e o lixo acabando com a saúde do planeta, o maior pecado do momento chama-se desperdício. E quando o assunto é vestuário, o desperdício acontece, normalmente, quando se compra por impulso, atitude que faz o guarda-roupa inflar de coisas que pouco – ou nunca – serão usadas. Dizem os especialistas em consultoria de imagem que, quando muito, as pessoas só usam 50% do que possuem. Muitas vezes, aliás, porque deixam o armário tão lotado que fica difícil procurar pelas coisas. Usa-se o que está mais à mão. E deixa-se de usar várias coisas por infinitos motivos.

Um dos clássicos é a certeza de que se vai emagrecer e recuperar o manequim de cinco, dez anos atrás. *Mito* (arrisco dizer que na maioria dos casos). Porque mais difícil do que perder peso é manter o corpinho enxuto por muito tempo. O corpo – e a alma – acostuma-se rápido com os quilos a mais, infelizmente. Outra desculpa bastante usada é que a moda dá voltas e acaba resgatando a tendência de anos atrás. *Meia verdade.* A menos que estejamos falando de um tailleur Chanel ou de uma peça plissada vintage de Issey Miyake,[1] o melhor a fazer é manter no armário o que dá para usar no nosso tempo. O resto provavelmente não terá uma cara "vintage", mas de coisa ultrapassada mesmo.

Mas a verdadeira razão para o baixo aproveitamento de roupas e acessórios são as compras erradas, que resultam em montes e montes de peças ociosas. Elas ocorrem, muitas vezes, quando se quer fazer economia. É barato? Então tudo bem ser mal costurado, com tecido ruim ou com estampa malfeita, pensam muitos. Pena. A qualidade deveria ser o objetivo, não importa quanto se tenha para gastar. Porque é preciso evitar desperdícios justamente quando o orçamento está mais apertado.

Roupas e acessórios duráveis custam mais, não tem jeito. Porém também duram mais e fazem você comprar menos coisas inúteis – ou seja, acabam levando à economia. E há também a questão do bem-estar: um especialista em jeans me explicou uma vez que algumas grandes varejistas conseguem vender uma calça baratinha porque economizam no processo de lavanderia – aquele beneficiamento que deixa o jeans desbotado ou com outros efeitos. Para não gastar muito, as confecções interrompem o processo antes de ele estar finalizado, e as calças jeans chegam às lojas ainda com resíduos químicos que podem ser prejudiciais à saúde. Precisa de mais algum argumento? Portanto, gastar pouco traz vantagens imediatas, mas pode significar prejuízos depois.

Mas se o momento for de dureza total, o melhor jeito de economizar é reaproveitar o guarda-roupa, partindo para as reformas. Não é cafona nem atestado de pobreza, pelo contrário, é prova de objetividade e discernimento. Com a ajuda de bons profissionais, aquilo que estava meio gasto pode ganhar um sopro de juventude.

Roupas

O importante é atentar a alguns detalhes, pois nem tudo merece ir para a costureira. Para começar, geralmente o resultado é melhor com peças de tecido plano (tudo o que *não* é malharia circular, camisetas, por exemplo, ou não é tricô). Malhas são peças difíceis de trabalhar, então conte com a costureira do bairro se for para fazer uma barra ou refazer um detalhe descosturado. Mas não para grandes remodelações.

Mesmo que a roupa seja de tecido plano, ela só merece uma segunda chance se for:

- De tecido bom: seda, algodão, lã e linho – puros ou misturados
- Sem marcas de desbotamento ou desgastes no tecido
- Sem manchas ou bolinhas
- De um tamanho próximo ao do seu atual manequim

Artigos de couro

As marcas especializadas em calçados parecem ter acordado para a necessidade de ensinar o consumidor a cuidar de suas coisas. Afinal, sapatos e bolsas são artigos que conseguem facilmente durar mais de uma estação (na verdade, eles duram várias estações, mas é difícil pensar nisso sem ficar deprimida). Por isso, os fabricantes estão investindo em produtos para manutenção em casa. Estes produtos costumam ser o jeito mais seguro de cuidar dos acessórios. Mas outras soluções caseiras também funcionam. O único cuidado especial deve ser com artigos de camurça ou chamois, que devem ser limpos em lavanderias especializadas. Já o couro de vaca comum pode ser limpo em casa – com alguns cuidados:

- Nunca use produtos de limpeza, sabonetes, detergentes, óleos ou álcool*
- Manchas de mofo podem ser retiradas com um pano branco de algodão umedecido em água e vinagre branco. Deixe secar naturalmente*

- Manchas leves de poeira ou sujeira podem ser removidas com pano úmido e limpo*
- Couro claro também pode ser limpo com algodão úmido, pasta de dente e leite de magnésia. Depois, deve-se retirar o excesso com um algodão limpo úmido*

*Dicas da fabricante de artigos de couro PZA.

E mais:

- Esfregar uma borracha branca pode trazer de volta a alvura de cintos, pulseiras de relógio e até sapatos que ficaram amarelados.
- Aquela marca de desgaste que aparece no calcanhar direito do sapato é provocada pelo atrito do pé no tapete do carro – ao dirigir. Geralmente, esse desgaste não pode ser recuperado. Se quiser evitá-lo, guarde dentro do carro um par de calçados só para dirigir.

[1] Issey Miyake: O estilista é um dos maiores expoentes da moda japonesa do pós-guerra. Abriu seu estúdio em 1970, em Tóquio, e já em 1973 passou a apresentar suas coleções em Paris. A partir dos anos 1980, começou a usar tecidos trabalhados com a técnica dos plissados (que deixam o pano com textura de linhas verticais). A primeira coleção, batizada de "Pleats Please", com essa técnica foi lançada comercialmente em 1993. Até hoje são consideradas símbolo de conforto e elegância.

6. Acessórios: modo de usar

Há sempre alguns truques para usar bem bolsas, sapatos, joias e bijuterias – levando em consideração o tipo físico ou a parte do corpo que se quer destacar. Eles podem dar uma boa levantada naquilo que a natureza não foi primorosa em realizar – ou foi precoce em destruir. Os acessórios também auxiliam na transmissão de uma determinada mensagem visual, do tipo: "Sim, estou aqui parate seduzir" ou "Adoro uma competição, e daí?" Porque se as roupas falam, os acessórios gritam!

É claro que, como tudo na vida, os acessórios também são uma questão de gosto. Eu mesma sou uma baixinha que raramente coloca salto alto, apesar das recomendações. Mas há certas lições que aprendi com a vida e com profissionais do estilo que acho interessante dividir.

Sobre sapatos

1) Saltos altos exagerados – simples ou com plataforma – são o jeito mais eficiente de dizer "sou baixinha". Portanto, se você não for uma pin-up, use saltos altos com moderação.
2) Não sei quem foi que disse que bico fino e salto agulha vão bem em qualquer ocasião. Não vão. Essa dobradinha é sinônimo de sedução, portanto, não servem para trabalhar, muito menos para combinar com figurino casual.

3) Mulheres que insistem em usar as botas ou chinelos "pata de bode" – com aquela plataforma grossa e inteiriça – não deveriam sair de casa ou ter acesso ao cartão de crédito.
4) Toda mulher deveria ter um scarpin de couro preto, de salto entre 4 cm e 6 cm. É um calçado atemporal e um curinga quando é preciso estar chique e séria.
5) Quanto mais fino for o bico do sapato, mais a mulher parece poderosa. Diferentemente, o bico arredondado, passa romantismo e fragilidade.
6) Sapatos ou sandálias com tiras para amarrar na canela engrossam o tornozelo e achatam as pernas.
7) Calçados arranhados ou desgastados derrubam qualquer look – isso vale para homens e mulheres.
8) Para acompanhar roupas de festa, o sapato ou sandália precisa ter salto forrado – o salto de madeira é casual demais.
9) Sapato ou sandália branca são sempre um risco para quem não é profissional da área da saúde.
10) Fuja do preto e invista em calçados de tons como marrom-café e pinhão. Eles são mais fáceis de combinar com várias cores de roupas.

Para os homens

1) Só existem duas cores para os sapatos: marrom ou preto. Branco só é admitido em tênis ou nos acessórios dos profissionais de saúde.
2) Os docksiders e os mocassins casuais são calçados que combinam com bermudas, calças de algodão ou jeans, com ou sem meias. Para os ternos, use somente o sapato social.
3) Meia social só combina com sapato social. Com todo o resto, usa-se meia casual e somente – eu disse somente – com tênis a esportiva branca.

Sobre bolsas

1. Quanto maior a bolsa, mais desorganizada parece a mulher.
2. Maxibolsas não combinam com minimulheres.
3. Ela não precisa ser da mesma cor do sapato: basta ter uma cor har-

moniosa com a roupa e os outros acessórios.

4. Modelos de festa não devem frequentar outros ambientes.
5. Atenção ao material: camurça ou pelo lembram inverno e não vão bem com looks de verão. Náilon tem aspecto esportivo e não vai bem com roupas sociais. Couro é sempre um curinga.
6. Trocar de bolsa deveria ser como trocar de roupa. Se você não sai de pijama não deveria sair com qualquer bolsa.
7. E para os homens: a bolsa carteiro (aquela de alça longa, para usar cruzada no corpo) é uma realidade que não se pode mais negar. Use sem medo.

> Obs.: A bolsa é um acessório que ganhou importância com a crescente autonomia feminina. Portanto, ainda me impressiona ver mulheres saírem de casa sem levar nem uma microbolsa para carregar os seus pertences. Normalmente a cena é esta: uma mulher sai acompanhada do marido ou namorado – e esse, sim, carrega carteira (com dinheiro e cartões), celular e chave do carro. Ok, esses são os itens essenciais para se chegar aonde quiser, hoje em dia. Mas será que a companheira desse sujeito não vê a necessidade de levar seu próprio dinheiro? De ter um batonzinho ou absorvente ali à mão, para uma emergência? Acho incrível esse desprendimento e tenho uma teoria: falta de personalidade. É quase como se a fulana dissesse: "eu não sou um indivíduo, mas uma extensão do meu companheiro". Ou seja, é o fim da picada e um balde de água fria em todas as conquistas femininas até hoje.

Capanga e pochete

Esse ótimo nome de dupla caipira, na verdade, define dois acessórios masculinos pra lá de controversos. A capanga é aquela carteira com alça que entrou para a moda nos anos 1970/1980 – e é capaz de deixar qualquer homem elegante com pinta de Mário Fofoca (o ator

Luís Gustavo, na novela "Elas por Elas", de 1982). Ou seja: apesar do apelo "vintage", é considerada um símbolo do mau gosto. E olha que, em 2001, grifes como Louis Vuitton, Cartier e Bally ainda tentaram ressuscitar a peça com lançamentos luxuosos. Em vão. Ela continua banida, até assim o ordenar as leis do universo fashion. E, até agora, elas têm sido irredutíveis.

A pochete – aquele saquinho de carregar na cintura – é outro item de aparência duvidosa. É útil, isso nem se discute. Mas está longe de ser bonita. A única possibilidade aceitável de uso é nas atividades esportivas, quando é necessário estar com as mãos livres. E mesmo assim, o modelo deve ser de náilon ou outro tecido tecnológico com a linguagem do mundo "outdoor", senão, não tem desculpa. Nada de usar pochete de couro – daquelas pretas e cheias de zíperes – que são a suprema prova de falta de apuro estético. E com o figurino casual de fim de semana, é sempre preferível trocar a pochete por uma pequena mochila – igualmente prática, porém infinitamente mais charmosa.

Sobre cintos

1. Cuidado com cintos que marcam demais a cintura: eles enfatizam os quadris largos. O ideal é usá-los um pouco mais baixo.
2. Mulher baixa deve usar o cinto com o mesmo tom da roupa, para não achatar a silhueta. Também deve evitar cintos largos demais.
3. Mulheres com muito seio não combinam com cintos pesados. O modelo pode ser largo, mas deve ter a fivela delicada e ser colocado abaixo da cintura, para alongar o tronco.
4. Os cintos devem combinar com a linguagem da roupa. Por exemplo: um modelo de camurça com franjas é casual demais e não vai bem com roupa formal ou mais chique.

Sobre outras coisas

1. Echarpes para quem tem pescoço curto precisa ser fina e delicada. O mesmo vale para colares.
2. Mulheres baixinhas devem evitar echarpes muito longas, pois ficam desproporcionais.
3. Mulher com muito busto não deve usar colar com pedra grande que termine na altura dos seios. O melhor é uma corrente de elos ou contas discretas: curta ou mais longa que o busto.
4. Braceletes largos são para mulheres de braços finos. Quem tem braço grosso deve usar uma pulseira discreta na altura do punho – onde o braço afina naturalmente.
5. Para os homens: depois que inventaram o cartão de crédito não há mais desculpa para carteiras volumosas. Se fizer questão de levar tudo, melhor pedir uma "carona" na bolsa da companheira.
6. Para os homens novamente: tenha um celular sobressalente bem fininho e discreto para sair. É horrível carregar os "smart-tijolões" na balada. E faz tempo que celular deixou de ser símbolo de status – pelo contrário, todo mundo tem.

Obs.: As abotoaduras foram acessórios masculinos muito populares no século XIX, logo após o período vitoriano – e persistiram como item obrigatório no guarda-roupa até os anos 1950. Elas eram sinal de requinte, junto com a bengala, as luvas brancas e o alfinete de gravata. Hoje, são mais raras de ver, mas ainda têm seu charme. Principalmente se forem usadas em camisas feitas sob medida. Ainda são sinal de sofisticação e apuro no visual.

7. Beleza: situações-chave e rituais cotidianos

Talvez você seja daquelas mulheres que estão sempre de cara lavada, não se preocupam em retocar a raiz do cabelo, muito menos em fazer as unhas regularmente. Tudo bem. Estilo é uma escolha pessoal e cada um responde pelo seu. Mas há situações que exigem apuro no visual, que pedem reverência, seja em nome da tradição ou por respeito às outras pessoas. Nessa hora, o jeitão "não estou nem aí", por mais autêntico que seja, pode ser interpretado como simples falta de educação.

1. Casamentos

Precisa mesmo explicar? Esse é o momento pelo qual algumas pessoas esperam a vida toda. Daí, os convidados decidem se vestir como se fossem para o clube jogar bola. Não dá. Homens: salvo algumas recepções no campo e na praia, o *dresscode* exigido é terno. Se o casório for durante o dia, vá de terno cinza-claro. À noite valem o preto, o cinza-chumbo e o azul-marinho. Mulheres: de vestido, sempre. A aparência dele vai depender da hora do casamento: durante o dia, valem os mais claros, mais curtos e sem brilho. À noite entram os tecidos mais encorpados – como tafetá de seda – e o brilho. Cabelos e unhas devem estar impecáveis. E maquiagem, sim, mesmo que suave, feita por um profissional, de preferência.

2. Teatro e concertos

São apresentações ao vivo e, portanto, merecem que o público tenha um mínimo de reverência. Pelo menos no Brasil, essas ocasiões não demandam smoking ou vestido longo – olha que sorte. Mas também não dá para escolher o jeans mais surrado e a camiseta puída. Homens: camisa de manga longa e botões. Podem ir de jeans, desde que seja escuro e de corte reto, e sapato – não tênis. Mulher: tanto faz ir de calça, saia ou vestido, desde que seja uma roupa de tecido e corte bons. Os acessórios podem ser discretos e o salto baixo. Mas nada de chinelo, mesmo os de couro. Também não pega bem exagerar nas plumas e paetês. Maquiagem leve.

3. Jantares formais

O figurino é do tipo que se usa em teatros e concertos: correto e que mostre que vocês se arrumaram para a ocasião. Unhas feitas e cabelos bem arrumados, bem como uma leve maquiagem, são necessários.

4. Formaturas

Se não é você que está se formando, não precisa exagerar no modelito "festa". Um bom tailleur com scarpin, para mulher, e terno, para o homem, resolvem. A ocasião também pede cabelos bem cuidados e maquiagem idem (feita por profissional ou em casa). Mulheres podem ir de vestido – até de longo – mas não devem exagerar nos brilhos e nos acessórios chamativos. É hora de deixar o foco da atenção para os formandos.

5. Festas de debutantes

Elas merecem brilhar em paz, portanto, não pega bem as convidadas de mais idade exagerarem na produção. Fica parecendo competição. Porém, essas festas costumam ser caprichadas e pedem homem de terno escuro e mulher de vestido. Um bom "pretinho básico", com joias ou bijuterias mais chiques, dão conta do recado. Bolsa pequena e saltos altos, além de cabelos arrumados e unhas feitas. Maquiagem também é essencial – para complementar o visual.

6. Entrevistas de emprego

Para os homens, o curinga ainda é o costume com gravata. O conjunto vai bem para qualquer que seja o cargo pleiteado. Mas há exceções, lógico. Por isso, o mais importante é conhecer o *dresscode* da atividade profissional. Um homem que faz entrevista para um cargo de diretor de criação em uma agência de propaganda deve saber que ninguém vai exigir que ele use terno – afinal, essa não é a linguagem do meio. Por outro lado, o figurino grifado é essencial (publicitários adoram grifes). Portanto, cuidado na escolha de uma camisa de qualidade, uma calça com bom corte e um belo sapato para arrematar – e impressionar. Mulheres que não concorrem para cargos de altas executivas também podem apelar para o visual simples e chique. Uma camisa bem talhada, com uma saia reta, um par de scarpins e bolsa média formam o conjunto-curinga. Mas também vale usar calça comprida e blazer ou, ainda, um bom tubinho de cor discreta. Para as profissões criativas – como estilista, designer, diretora de arte, fotógrafa – o que manda é a linguagem da profissão. Portanto, ganha pontos quem conhecê-la a fundo.

Beleza exótica

Tatuagens, piercings, unhas azuis ou pretas e cabelos tingidos de rosa são sinais de juventude, de intimidade com os movimentos de vanguarda. Mas quem escolheu uma profissão que transita em ambientes conservadores que se conforme: esses elementos terão de ser suprimidos do visual – ou muito bem disfarçados. Infelizmente, com a imagem de "modernidade" que eles trazem, vem a ideia de vida alternativa e não muito regrada. Mesmo que você seja um santo ou santa, o visual vai transmitir o contrário. É melhor não insistir.

Obs.: Unhas pintadas de vermelho, vinho ou similares são aceitas em quase todos os ambientes corporativos. Mas, na dúvida, consulte superiores ou observe como as suas colegas se apresentam. No dia a dia profissional, é sempre melhor se destacar pelas boas realizações e não por um visual extravagante.

A etiqueta do salão

Salão de cabeleireiro bom é eficiente, com profissionais "antenados" e competentes, ponto final. E a maioria é assim mesmo. Porém a crescente valorização da vida das estrelas fez surgir uma nova modalidade: o salão amigo das celebridades. Eles gostam de propagar que atendem gente famosa, são supersofisticados e cobram preços altos por isso. Normalmente são uma espécie de vitrine viva onde se está para ver e ser visto – contrariando a lógica da intimidade dos salões de antigamente. Há uma certa empáfia no ar que intimida até a mais segura das mulheres.

Mas é bom ter sempre em mente que, apesar do burburinho em torno do "quem é quem", esses salões vivem mesmo é dos serviços prestados a gente como eu e você – que não estamos ali para desfilar, mas para aplicar uma tintura nos fios brancos ou para um corte de cabelo. Portanto, nada de pânico. Se nesses locais há profissionais que valem a pena – e normalmente há – você não precisa desistir deles. Pelo contrário, vá fundo, tendo em mente algumas dicas para não se deixar abater pela presença daquela apresentadora loira na cadeira ao lado:

1. *Dar ou não gorjeta?* É uma questão pessoal e ninguém tem nada a ver com isso. Se estiver sem trocado ou simplesmente resolver não dar, nada de culpa: todo mundo ali recebe salário. E se resolver dar, não exagere na quantia. Parece suborno.

2. *Ir ou não de cabelos lavados?* Eu vou sempre. Por que pagar duas vezes o preço do vidro inteiro do meu xampu, numa única lavagem? Essa é das coisas inexplicáveis nos salões chiques. Não entendo essa conta.

3. *Tratar o cabeleireiro como amigo?* Só se ele realmente for seu amigo. Forçar na intimidade e puxar o saco para que ele capriche no corte é o fim da picada. Se é isso que ele espera de você, melhor trocar de profissional.

4. *Perguntar sobre os valores dos tratamentos antes?* É prova de inteligência e consciência. Pergunte tudo. É melhor do que ter surpresas desagradáveis – e os salões estão cheios delas.

5. *Manter-se fiel a um único cabeleireiro a vida toda?* Bobagem. Todo mundo tem direito de ciscar no terreno alheio. Cabelo cresce e sempre se pode voltar ao antigo profissional. Desde que ele não seja do tipo rancoroso, é claro. Porque se ele for, melhor não voltar e procurar alguém que entenda seu comportamento volúvel.

Rituais domésticos

Entregar a beleza a cuidados profissionais é ótimo. Mas saber se cuidar em casa é uma verdadeira libertação. Estou falando do mínimo: depilação, unhas, hidratação nos cabelos e esfoliação facial e corporal. São coisas que podem ser feitas sem sair de casa – e que são capazes de deixar você pronta para qualquer ocasião.

Unhas

O mercado de artigos para as unhas (principalmente no exterior) dispõe de ótimos cremes que ajudam a eliminar a cutícula. O resto, um bom alicate e uma lixa, comprados na farmácia, dão conta. Você vai ver que as unhas já ficam com outra cara. O segundo passo é aprender a esmaltar e isso leva um pouco mais de tempo. O truque é treinar, treinar e treinar muito, até conseguir pintar a unha e limpá-la de um jeito eficiente. Uma dica: faça na frente da televisão, vendo um programa bem besta. É um ótimo passa-tempo. Saber fazer as unhas é uma conquista e tanto para a mulher moderna.

Cabelos

Para uma boa hidratação, o ideal é ter aquelas toucas térmicas de ligar na tomada e que parecem da vovó. Mas se não tiver, uma toalha quente resolve. Compre na farmácia uma boa máscara capilar e aplique nos cabelos molhados. Cubra com uma touca plástica e coloque a toalha quente por cima. Ou fique no banheiro, sob o vapor, por uns 10 minutos. Faça uma vez por mês e você verá a diferença.

Corpo

Dizem os esteticistas que a esfoliação ajuda no rejuvenescimento da pele. E é tão fácil de fazer – pode ser no banho mesmo. Se não tiver um creme próprio, um punhado de açúcar misturado com mel resolve. Aí é só esfregar, de leve, a mistura na pele. Faça uma vez a cada 15 dias.

Depilação

Pode ser com cera quente (mas dá mais trabalho), fria ou do tipo roll-on. Os acessórios são fáceis de encontrar em qualquer boa farmácia. Quem preferir pode optar por cremes depiladores, que funcionam bem e não são malcheirosos com antigamente. Conseguir fazer meia perna e axilas já vai te deixar livre do salão umas boas semanas. Vale a pena e custa pouco.

II - Nós: na festa, na cozinha, em volta da mesa ou do garçom

1. Restrições alimentares, gastrite, refluxo e alergias: como lidar?

Quando alguém te oferece algo para comer ou beber quer ser gentil, quer agradar e não provocar uma revolução de fluidos no seu organismo. Entenda, ninguém está contra você ou é inimigo da sua digestão. Então, se for melhor para a sua saúde, recuse. Mas não estenda o assunto.

Não precisa espalhar

Se você sofre de refluxo, alergia, gastrite ou similares, é uma pena. Isso significa que tem um monte de coisas que você não pode comer. Mas o mundo não tem culpa, ok? Para começar, poupe os outros dos detalhes sórdidos. Tudo bem sofrer de algum desconforto digestivo. Eu sofro e boa parte da população mundial também. Depois de tanto alimento industrializado, estresse e novas lojas de *fast food* surgindo em qualquer esquina, era o mínimo. Mas precisa ficar detalhando tudo o que ocorre com o seu estômago ou o seu esôfago cada vez que alguém lhe oferece uma taça de vinho ou um pão de queijo? Eu sei que é quase irresistível – e faço um *mea culpa* porque já proclamei discursos inflamados sobre o poder de indigestão da lactose – mas segure a onda e só entre em minúcias se alguém estiver realmente interessado.

Atenção às manias

Tem gente que não come carne vermelha, não toma bebidas alcoólicas, tem alergia a camarão, não pode com leite ou glúten ou, simplesmente, vive de dieta. Sobre problemas de saúde, não há discussão. Mas se a restrição alimentar tiver motivos emocionais e nenhuma base científica ou racional, será que não é o caso de revê-la? Já não está na hora de superar os traumas de infância – como o frango de estimação que virou canja ou o copo de leite que te obrigavam a tomar todas as manhãs?

Faça isso por você. Restrições demais não apenas limitam as opções de pratos num restaurante – elas inviabilizam essa aventura multissensorial que é provar novos gostos e deixar-se levar por texturas diferentes. Isso sem contar os percalços na vida social. São convites e mais convites para jantares, churrascos e outras celebrações que têm a comida como centro – e não são poucas – que vão minguando por conta do que, às vezes, é só mania. Pense bem, nenhum costume precisa ser eterno.

2. *Bufê:* *o universo gastronômico ao alcance das mãos*

Eles são um fenômeno da vida moderna. Principalmente para quem faz refeições fora de casa. O que atrai tanta gente é a possibilidade de comer muito pagando pouco. De fato. A fartura de sabores, cores e texturas à disposição nos restaurantes com esquema de bufê é impossível de ignorar. Ela é um convite ao deleite sem fim. Mas é importante resistir ao comportamento "última refeição da vida". Para isso, seguem alguns cuidados:

1. Antes de qualquer coisa, lave as mãos e tire o crachá da "firma", para ele não ficar resvalando na comida.
2. Evite conversar sobre os pratos expostos: gotas de saliva são incontroláveis.
3. Seja educado e respeite a fila.
4. Diante do bufê, encare a variedade como opções, não como etapas a serem vencidas. Você não precisa comer de tudo.
5. Nem pense em lotar o prato. Fazer escolhas é coisa da vida, aceite.

6. Se quiser provar um pouquinho de cada coisa, até pode, mas disfarce e vá várias vezes ao bufê. Com tantas idas e vindas, pode ser que em algum momento você desista.
7. Cuidado com a miscelânea de alimentos, pois ela, além de revelar sua voracidade, pode resultar indigesta. Pratos também podem ser elegantes, sobretudo, quando seguem uma linha coerente.
8. O bom é ter ingredientes que se complementem para realçar o sabor e garantir uma dieta balanceada. É nesse equilíbrio que moram o bom gosto e a saúde.

3. Coquetel: *a arte do equilíbrio*

Saber se portar num coquetel revela, literalmente, muito da capacidade de equilibrista. Proporções pequenas *versus* fome grande; postura correta *versus* sapato apertado. Basta uma escolha errada, e toda a pose cai bandeja abaixo.

Figurino

Esta dica é especialmente para as mulheres. Se quiserem uma noite realmente agradável, comecem pensando bem no figurino – em especial nos acessórios. Atenção aos sapatos. Esta não é a melhor ocasião para estrear pares novos, porque, normalmente, os coquetéis são servidos a convidados em pé. E seria um purgatório ficar desconfortável durante horas. Prefira um modelo testado e aprovado.

A bolsa é outro ponto que exige algum cuidado. Esqueça os modelos de mão ou carteiras. Sim, eles são charmosos e têm apelo vintage. A bolsa de mão é um dos primeiros acessórios do gênero usado pelas mulheres – desde quando elas deixaram de carregar seus pertences nas saias dos vestidos, a partir do final do século XVIII. O *sac à main* (bolsa de mão, em francês) entrou na moda por questões sociais, logo após a

Revolução Francesa, quando os novos tempos exigiam um vestuário mais comedido. Com menos panos para guardar os artigos de *toilette*, o jeito foi criar um saquinho independente para levar nas mãos.

Mas apesar de estiloso, o acessório não é o mais indicado para coquetéis, quando é preciso segurar o copo com uma mão e, com a outra, tentar conter uma casquinha de siri ou uma torradinha com patê. A moda da comida japonesa nessas ocasiões também não ajuda, pois exige o bom manejo dos *hashis* – verdadeiro teste de destreza para as mulheres e suas bolsas de mão. Então, a menos que o coquetel seja composto por *finger foods*, aquelas porções mínimas para serem abocanhadas de uma vez, desista de ocupar as mãos: escolha um belo modelo com alças de pendurar nos ombros ou para usar a tiracolo e seja feliz.

Atenção, homens que têm mania de carregar carteiras polpudas e megacelulares: bolsa de mulher não é guarda-volumes. Alivie o peso e, antes de sair de casa para um coquetel, leve apenas o essencial, combinado?

Comportamento

Coquetel não é jantar, certo? Não pega bem tentar matar a fome comendo uma dúzia de miniquiches. Normalmente, o coquetel tem uma função – que pode ser acompanhar o lançamento de uma exposição ou de um livro, ou marcar a inauguração de uma loja. Nesse caso, a comida não é a atração principal, é só um detalhe. Ela está lá para forrar o estômago antes de uma refeição completa – e mesmo para evitar que a bebida cause estragos nos convivas mais entusiasmados. Se o coquetel não preceder um prato mais substancioso, você tem duas opções: seja prevenido e coma antes de sair de casa (ou do trabalho) ou saia para jantar depois. Só não vale atacar o garçom e encher as mãos com empadinhas e similares. É feio. Fica parecendo que você não vê comida faz tempo. Barrinhas de cereais na bolsa, na gaveta do escritório ou no porta-luvas do carro servem para evitar esse tipo de mico.

E um toque para o pessoal mais saliente: evite cantar garçons e garçonetes. Desde que criaram a moda de chamar modelos para servir em coquetéis moderninhos, a coisa começou a desandar no quesito paquera. E deu no que deu. Então, atenção: por mais seguro ou segura que você seja de seu poder de sedução, não acredite que a simpatia dirigida a você pelo profissional em serviço é um flerte. Ser gentil e atencioso faz parte do trabalho deles. Imagine se todo mundo encarar como paquera? Os coitados passarão a noite ouvindo "abobrinhas" a cada passada de bandeja. A sutileza é uma das maiores virtudes. Encantou-se pelo moço ou moça do espumante? Pergunte o nome e agradeça pela bebida. Dê um jeito de descobrir o nome e o telefone da empresa de *catering*. No dia seguinte – e sem o efeito do álcool – se realmente houver interesse, ligue e peça para passarem seus contatos à figura em questão. Se o amor à primeira vista tiver sido recíproco, ele ligará de volta. Caso contrário, engula a dor de cotovelo.

4. *Jantares: precisa mesmo saber dos bastidores?*

Diante de uma bela refeição, é quase irresistível fazer a pergunta fatal aos anfitriões: "vocês me dão a receita?" Mas com relação a um convite para jantar, não importa o grau de intimidade com os donos da casa: é melhor não pedir os detalhes. Não pelo risco de a receita ser segredo de estado – poucas são, com exceção da fórmula daquele conhecido refrigerante. Mas porque o lauto jantar pode ter sido inteiramente encomendado – da torradinha com foie gras da entrada ao manjar branco da sobremesa.

Encomendar refeições fora é bem comum nos dias de hoje, em que mal sobra tempo de ir ao supermercado para repor o estoque de papel higiênico. Há profissionais tão gabaritados por aí que é possível deixar toda a decisão do cardápio por conta deles – basta informar o número de convidados e comunicar alguma restrição alimentícia. Aí, é sentar e se divertir com os convidados. Não é ótimo? O problema é quando o excesso de curiosidade acaba obrigando os anfitriões a confessarem que, apesar do prazer em receber, eles não entraram na cozinha nem para encher as forminhas de gelo – estas também vieram de fora. O máximo de informação que poderão fornecer é o telefone do responsável pelo bufê.

Portanto, o melhor nessa situação é se contentar com o que lhe for dado de bandeja – com perdão do trocadilho. Coma, elogie, agradeça e fique na sua. Assim, você garante um lugar no coração (e na lista da próxima festa) dessas pessoas.

Observação: essa regrinha de ouro também vale para indagações sobre a etiqueta das roupas, ok? Um belo vestido usado por uma mulher costuma despertar o faro das outras. Se ele tiver sido comprado num superbrechó descolado em Nova York, muito bem. Mas imagine se a peça for uma cópia de grife famosa, adquirida no comércio popular? O assunto pode render inimizades eternas.

A seguir, umas sugestões básicas para ser sempre bem-vindo em jantares e afins.

Se você é convidado:

- Seja pontual sempre.
- Se você virou um vegetariano desses radicais – do tipo que nem se senta em sofá forrado de couro – invente uma desculpa e não vá: é melhor do que obrigar o anfitrião a preparar uma salada orgânica de última hora.
- Leve um vasinho de flores ou uma garrafa de vinho: é uma gentileza que nunca sai de moda.
- Não leve crianças, a menos que os anfitriões as convidem.
- Vá com espírito aberto para provar novidades e conhecer gente nova.

- Se você só bebe um tipo de bebida muito específica (tequila ou gim, por exemplo), leve uma garrafa e se ofereça para preparar drinques para outras pessoas. Ao final da festa, a garrafa fica, ok?

Se você é anfitrião:

- Seja pontual sempre: nada pior do que deixar os convidados sem comer, por horas.
- Espere seus convidados com a bebida gelada.
- Prenda o seu cachorro – ou mande-o para um hotel especializado.
- Coloque a criançada cedo na cama.
- Deixe os convidados se servirem primeiro.
- Nada de ficar insistindo para o pessoal comer ou beber mais: cada um sabe o seu limite.
- Cuidado com o excesso de condimentos. Tudo bem você ter voltado da Índia ou da Tailândia encantado com pimentas e outros temperos. Mas nem todo mundo tem estômago forte.

5. *Casamento: festa ou vingança?*

Não se assuste com o título. A razão dele é porque o ritual do casamento tem se tornado uma verdadeira tortura para quem não é o noivo ou a noiva. O que deveria ser uma demonstração de carinho e consideração para com amigos e parentes convidados está virando uma prova de resistência física, que inclui cerimônias longas, coquetéis minguados, jantares que atrasam horas, locais de festa inadequados, presentes impositivos e outras tantas indelicadezas que me fazem perguntar: é vingança? Às vezes, parece.

Do jeito que a coisa vai, frequentar casamento vai virar uma competição do tipo triatlo. Exagero? Pergunte para quem investiu num bom presente, comprou roupa e acessórios, saiu do trabalho correndo, foi ao cabeleireiro, subiu no salto e abriu o seu melhor sorriso – tudo isso para ficar horas de pé, tomar espumante quente e ainda sair com fome.

Não há grandes segredos para realizar uma boa celebração. Em primeiro lugar, avalie friamente se há condições financeiras (e psicológicas, por que não?) para uma cerimônia que envolva outras pessoas. Ninguém é obrigado a casar em público. Pode-se, simplesmente, e até com certo charme, ir ao cartório e resolver a questão. Mas se decidir que pode e quer chamar outras pessoas para esse ritual, esteja certo: são elas as figuras mais importantes da ocasião, não você e seu noivo ou noiva.

A lista

Não há outra maneira de fazer a coisa. É preciso pensar por "blocos": o bloco do clube, o do trabalho e até o da família. Exemplo: não dá para convidar a tia X e ignorar a tia Y, do bloco da família. A tia Y não vai entender que o bufê é pequeno. Da mesma forma que não se pode chamar apenas alguns colegas de escritório. Ou entram todos na lista, ou não entra nenhum. Do contrário, prepare-se para conviver, enquanto estiver neste emprego, com caras feias e mágoas profundas dos preteridos. No caso dos colegas de trabalho é mais delicado e sincero avisar – discretamente e para quem se interessar – que vai casar e realizar uma cerimônia apenas para a família e os padrinhos. Depois vá convidando a turma, todos de uma vez ou por partes, para jantares ou festinhas na casa nova.

O convite

Começando pelo óbvio, um bom convite tem que ter nome dos noivos, data, hora e local da festa. Colocar os nomes dos pais é desnecessário – questão de gosto. Além disso, eu acrescentaria uma espécie de minirroteiro da ocasião. Por uma simples razão: nada mais chato do que sair de casa sem saber o que esperar. Atualmente, há inúmeras modalidades de celebração, para quase todos os estilos, crenças e orçamentos. Custa avisar, por exemplo, que vai ter uma cerimônia civil, seguida por um coquetel e um jantar? Ou que, após o ato religioso, será servido um coquetel – ou um bolo com espumante, na própria igreja? Não fica delicado? Dessa forma, todo mundo consegue se preparar adequadamente. Dá para comer antes de sair de casa – no caso de uma boda sem jantar – ou pegar leve no coquetel, se a festa incluir uma refeição completa. Ah, e nunca é demais dizer: o "vale-coxinha" – aquele minicartão que vai anexado ao convite convidando apenas algumas pessoas para a refeição pós-cerimônia – é a maior aberração já inventada. Fica parecendo que a pessoa que não recebeu o "vale" foi convidada só para dar presente e fazer número na igreja. Não há justificativa possível para ele. É péssimo, simples assim.

Os presentes

As listas em lojas realmente vieram para ficar. A questão é que as pessoas parecem ter esquecido da sua função: facilitar. Apenas isso. O que significa que não pode haver imposição, já que ninguém é obrigado a comprar nos locais indicados pelos noivos. Presentar é – ou deveria ser – um ato livre. E quanto mais pessoal, original e carinhoso for, melhor. Portanto, isso exclui também as tais "cotas" da viagem de lua de mel – uma moda posterior a das listas em lojas de eletrodomésticos. Não se pode ter tudo na vida. Não pode pagar a festa e a viagem? Então uma das duas terá de ser descartada. Convidado não é financeira.

A cerimônia

Que ela seja curta, por favor. Se quiser um ritual completo pra valer, então faça uma reunião menor, só para a família ou para você e seu noivo ou noiva. Cerimônias longas para amigos e parentes, em geral, são cansativas. Depois de cinco minutos, ninguém mais presta a atenção ao pobre do pastor, padre ou juiz de paz. O ideal é ir direto ao ponto: uma breve introdução sobre o amor e a união, a clássica promessa de estar ao lado do par nos dias de bonança e de desgraça, e fim. Fica chique e delicado com seus convidados.

A festa

O ideal é não economizar no número de garçons – no caso de uma recepção servida à francesa – para não deixar as pessoas esperando para serem servidas. Já fui a casamentos que nem o noivo conseguia uma tacinha de espumante. Imagine os pobres convidados! Se não quiser ter essa obrigação, opte pelo esquema de bufê, em que as pessoas levantam e se servem. Nesse caso, o melhor é diminuir o tamanho das travessas e espalhar mais pontos de serviço no salão – para evitar filas.

A trilha sonora é importante, claro. Mas a forma como será executada também precisa ser planejada. O orçamento não permite contratar uma boa – eu disse *boa* – banda? Não tem problema. É preferível optar por um DJ a aguentar gente ruim cantando. Munido de uma boa seleção de músicas, ele dará conta do recado. E com programas de computador fazendo quase tudo por nós, dá para programar uma festa inteira, sem gente para operar as picapes. O que não pode é submeter seus convidados a um som mambembe – do tipo "one man show", com um coitado tocando teclado, pandeiro e gaita ao mesmo tempo. Sabe como é? É triste.

Manobristas

Recepções feitas em salões de festa, sem estacionamento nas redondezas, precisam ter serviço de manobristas – de preferência, sem custo para os convidados. E esse serviço precisa funcionar. Ao fim de uma festa, ninguém aguenta mais de dor nos pés. Ter que esperar por mais de 15 minutos pelo carro é um tormento que pode fazer as boas lembranças da noite virarem fumaça.

6. Chá de bebê e de panela: sem brincadeiras infames

Eu não sei de onde veio a moda, mas, atualmente, chás de bebês, de panela ou o chamado chá bar – que inclui convidados do sexo masculino – costumam vir acompanhados de todo o tipo de brincadeiras humilhantes. É um tal de dar porre na noiva e fazê-la dançar com um *stripper*, ou de submeter a pobre da grávida a jogos sem graça que culminam com a barriga desenhada de batom. Tudo bobo e com o desfecho lamentável. Chá de bebê e chá de panela podem ser festinhas animadas, mas não precisam virar trote.

Chá de bebê

O ideal é quando uma amiga íntima organiza, assim poupa a mãe de ter trabalho às vésperas do parto. Recentemente, até os chás de bebês ganharam listas de presentes feitas em lojas. Pode ser eficiente, mas eu acho bastante sem charme. A ocasião é boa para dar um presentinho duplo, que inclua algo escolhido por você e um pacote de fraldas. Assim, ninguém vai te acusar de não pensar no lado prático.

Chá de panela ou chá bar

Acho bastante útil para casais que estão saindo da casa dos pais e sequer têm uma peneira para levar para a casa nova. Nesse caso, por uma questão de organização, é válido fazer uma sugestão, no convite, do presente que se deve levar. Por exemplo: um pegador de macarrão ou uma tábua para carnes. Mas as coisas precisam ser baratas, pois é bem provável que o casal em questão ainda faça festa de casamento – e aí, sim, os presentes costumam ser de maior valor. Chá de panela é apenas uma desculpa para reunir amigos – ou amigas – e começar a festejar a despedida da solteirice. Portanto, quanto mais informal, melhor. Mas, de novo, sem cair nas brincadeiras humilhantes – elas são apenas momentos de histeria coletiva que se pode muito bem passar sem. No caso de se optar por apresentações com *strippers*, é bom pensar na ala mais conservadora da família. Ela pode não se sentir muito bem com o clima de cabaré. É questão de gosto, mas também de consideração com os convidados.

III - Eles: família, trabalho e outras coisas importantes

1. Casamento & família: acenda a chama e apague os incêndios

Como tudo na vida, manter em harmonia o casamento e a família requer uma série de desafios. Não é fácil equilibrar os pratos do amor, das responsabilidades, da maternidade e paternidade e ainda pretender o sucesso profissional. É preciso disposição de artista de circo para conseguir realizar tudo isso ao mesmo tempo.

Velhos desafios

Diz a sabedoria popular que casamento é como submarino: foi feito para afundar, mas, às vezes, boia. E se o seu está boiando significa que ele passou, ou ainda vai passar, por alguns dos desafios listados abaixo. Longe de pretender ser algum manual de funcionamento – porque este ainda ninguém inventou – esta lista é apenas a reunião de alguns itens que considero essenciais para viver a dois, ou em família, com um mínimo de harmonia.

1. Não virar paiê e manhê

Esta situação ocorre depois que os casais têm filhos e parecem esquecer de seus nomes próprios. Ficam reduzidos a "mãe" e "pai", como se fossem apenas esses os papéis que tivessem sobrado, depois que a família aumenta. Um erro, em minha opinião. Preservar o espaço do casal

– aquela ilha privada de amor e companheirismo onde a filharada não entra – ainda é a melhor fórmula para um casamento funcionar. Fico espantada ao ouvir homens e mulheres tratando-se como se um fosse filho do outro, mas sei que é comum e muita gente se acostuma. Mas depois não adianta reclamar se o submarino afundar.

2. Não virar casal-ostra

Este toque é para os casais recentes e muito apaixonados, que passam a formar um universo paralelo sem comunicação com o resto do mundo. É compreensível que no auge da paixão seja necessário o isolamento, para entender, viver e aproveitar esse momento tão mágico da vida. E o costume é, sobretudo, feminino. Sem querer ser sexista – baseada apenas na minha experiência – acredito que essa atitude de voltar-se totalmente ao parceiro seja mais da mulher. Geralmente são elas os seres mais gregários, que querem exclusividade e profundidade numa relação. Tudo bem. Só não vale esquecer completamente os amigos e a família. Até porque, se a relação não for adiante, é com o ombro deles que você terá que contar.

3. Discutir a relação sempre

Acalmem-se, homens. Nao se trata de ficar jogando os "problemas" no ventilador, a todo momento. Mas de abrir espaço para conversas mais ou menos constantes, para não deixar acumular insatisfações – e elas sempre existem, não se iludam. Assim, se a coisa engrossar, nenhum dos dois vai poder dizer que aguentou calado os defeitos do outro – o que, no fundo, é só uma desculpa. Mas, por precaução, e para estar antenado com os tempos atuais – em que a comunicação nunca foi tão fácil – acredite no ditado: "quem não se comunica, se trumbica".

4. Aceitar que o outro tem fases boas e fases ruins

Vivemos um tempo em que existe remédio para tudo. Até as mudanças de humor já foram catalogadas como doenças psíquicas. Logo, podem até virar crime. Tomara que não, porque, às vezes, as coisas são mais simples do que parecem. As pessoas mudam – sem explicação e, muitas vezes, sem possibilidade de "cura". E essa é uma verdade inexorável. Fases ruins solitárias ou a dois, passageiras ou permanentes, são difíceis de lidar e não há uma fórmula para atravessá-las sem dor. Quem vive uma fase ruim quer aceitação e apoio. À outra parte, cabe a decisão de dar ou não – e isso não se discute. Afinal, há momentos ruins que duram uma vida toda e ninguém nasceu para ser escravo dos males de ninguém. Mas qualquer que seja o modelo de relação, é preciso, antes, aceitar que somos seres vivos e, por isso, passíveis de mutações, movimentos, confusões e idas e vindas que, na maioria das vezes, não têm explicação e não se resolvem com uma pílula mágica.

5. Tomar decisões financeiras juntos

Uma vez, passeando num shopping com uma amiga, manifestei minha vontade de comprar uma bolsa nova. Ela disse que também queria, mas que iria perguntar antes ao marido, se o orçamento permitia. Detalhe: ela trabalha e tem seu próprio dinheiro. Apenas decidiu que, uma vez casada, as despesas seriam discutidas em dupla. Chegar a esse ponto pode até ser um exagero, mas decidir sobre a alocação de recursos conjuntamente é uma forma bastante prática – quase fria – de lidar com as questões financeiras na vida em família. No mínimo, evita que no futuro ocorram brigas por despesas que foram decididas unilateralmente – mas que afetaram a família como um todo. No caso particular da minha amiga, ela era a mais "perdulária" do casal, portanto, acabou se adequando ao jeitão econômico dele para juntos irem em busca de conquistas mais sólidas. Simples assim.

Novos desafios

1. Família-mosaico

Funciona assim: homem descasado e com filhos conhece mulher descasada e com filhos. Decidem-se pela nova união e, juntos, formam o que os especialistas batizaram de família-mosaico. Ela ganha esse nome, talvez, por ser feita de cacos que precisam ser compostos para formar um desenho único – às vezes, às custas de algumas marteladas, para que as peças se encaixem. Na teoria, o resultado é poético. Na prática, o processo é desafiador. Atualmente, casamentos duram menos do que o esperado e novas famílias se constituem levando, como herança, integrantes da formação original que não tiveram a chance de optar. Não cabe aqui discutir as razões para essa realidade – são tantas que merecem um livro específico – mas de falar das implicações de ver uma nova família surgir da noite para o dia. Conviver com novos indivíduos, com idades e demandas distintas, é fácil na novela. Na vida real, é preciso muito amor, doses cavalares de paciência e uma cega convicção no futuro. Afinal, o que faz pai e mãe se encherem de coragem para o processo de educação é o amor incondicional que se têm pelos filhos. Mas e quando o filho é só do companheiro? O amor existe, mas é diferente – sempre é, não adianta romancear. E a paciência e determinação para cuidar, ensinar limites, valores e boas maneiras não são as mesmas. Haja coragem!

Mas passado o tempo regulamentar das desilusões (será que existe?), as coisas começam a entrar nos eixos. Baseada apenas na minha experiência, posso dizer que viver numa família-mosaico ensina mais sobre a vida, as diferenças e o respeito pelo outro do que qualquer escola. Também contribui para a independência de crianças e jovens, mostra que vive melhor quem consegue encontrar um caminho para ser feliz que inclui – ou pelo menos considera – a felicidade dos outros.

2. Educando meninos para a vida doméstica

Parece incrível que em pleno século XXI algumas famílias ainda eduquem seus filhos homens para serem servidos pelas mulheres. Sabe aquela coisa de não deixar o filhote macho tirar a mesa, mas fazer questão que a filha mulher ajude na faxina? Então, é um ótimo jeito de dar continuidade à linhagem de homens que acha que cuidar da casa é obrigação exclusiva das mulheres. Isso já era. Não é muito melhor criar seres independentes, não importa o sexo, que possam formar famílias mais harmônicas, democráticas e equilibradas? Eu acredito que sim. Cada um ter uma função na vida doméstica é saudável. Preconceber que cuidar da casa e dos filhos é uma atribuição unicamente feminina é, no mínimo, reducionista.

3. Educando meninas para o mundo

O mesmo tipo de educação que gera filhos homens folgados na lida doméstica costuma gerar meninas despreparadas para o competitivo mundo corporativo. Por puro preconceito, elas são talhadas para profissões mais "amigáveis", como professoras, pediatras ou relações públicas. Pois saiba que segundo um estudo coordenado pela professora de economia Regina Madalozzo, do Insper Instituto de Ensino e Pesquisa, de São Paulo – com base na Pesquisa Nacional de Amostra por Domicílios (Pnad), do IBGE – em 1978, apenas 5% dos engenheiros brasileiros eram mulheres. Em 2007, esse percentual chegou a 10%. O exemplo é apenas uma das provas de que as coisas mudaram e é preciso dar subsídios para que as meninas possam assumir a função que desejarem na vida adulta. Sem preconceber uma aptidão, deixando o universo à disposição delas.

4. Trocar de papéis

São dados divulgados pelo IBGE no final de 2009: entre 1998 e 2008, a porcentagem de mulheres que sustentam lares subiu de 2,4% para 9,1%. Ou seja: ninguém mais precisa se espantar com a inversão de papéis na vida familiar. Há vários casais se arranjando de outra forma, que a tradicional dobradinha "mulher do lar + homem provedor". Os tempos são outros, e que tal repensar tudo? A carreira da mulher está num bom momento? Por que não aproveitar e deixar o homem cuidando da prole? Nada precisa ser definitivo, mas, se for, tudo bem. O que não dá mais é para ficar insistindo em modelos do passado, pois eles não condizem com a realidade. A mudança é saudável e não precisa ser motivo de sofrimento – principalmente por parte do homem, que é, normalmente, quem se sente frustrado com o novo arranjo.

2. *Filhos: o inferno são os dos outros*

Filhos são bons demais. Quem estraga tudo, geralmente, são os pais – abstendo-se de educar na hora certa, fazendo escolhas que não ensinam os valores importantes da vida. Na pressa do cotidiano moderno, privilegia-se o que vem pronto. E perde-se a chance de mostrar aos pequenos que tudo na vida está em construção e é preciso saber se adaptar.

Aniversários

Certo, os bufês infantis vieram para ficar. E pelo número deles espalhados pelas grandes cidades devem render rios de dinheiro aos seus proprietários. Não há como negar que eles foram a saída para quem mora em casas ou apartamentos pequenos. Por um lado, são realmente práticos (embora caros), evitam ter que arrumar a casa depois da invasão dos pequenos, já vêm com mão de obra e recreação incluídas, enfim, poupam um trabalho do cão. Por outro lado, eles enterraram a deliciosa prática de se produzir festas em casa, que vem de antigamente, e contava com a ajuda da avó, das tias, dos vizinhos e do próprio aniversariante – afinal, por mais precioso que seja o seu filhote, ele não vai morrer porque enrolou alguns brigadeiros ou encheu bexigas de ar. Pelo contrário: mostrar o passo a passo detalhista para organizar uma festa ensina que nada na vida vem pronto e que as melhores coisas são frutos de esforço.

Se você é fã incondicional dos bufês infantis, tudo bem. Mas tente produzir uma festa que garanta um mínimo de conforto para os seus convidados. Para começar: eles não merecem tanto barulho de músicas e brinquedos eletrônicos. Já basta a gritaria das crianças – essa sim, inevitável e saudável. Os altos níveis de ruídos estão entre os maiores causadores de estresse da vida moderna. Vale a pena contribuir para a surdez coletiva? Por alguma razão que foge ao pensamento lógico, os bufês infantis são construídos para reverberar o som ao máximo, garantindo que lá pelas tantas ninguém mais entenda o que o outro fala, mesmo estando lado a lado. E mais: ajuda a popularizar o "pop-lixo-axé-music", estilo que deve fazer uma espécie de lobotomia musical nas pobres cabecinhas infantis. Combinado a doses cavalares de açúcar, esse som deve ter um efeito parecido com o de drogas poderosas. Só isso explica o sobe e desce, a correria frenética, os gritos e – por fim – a profunda melancolia que acomete os pequenos no pós-festa.

Da comida, então, seria melhor nem falar. Mas é impossível deixar para lá algo tão pesado. A azia, provavelmente, vai durar até a festa seguinte (se você tem mais de um filho, é uma por semana). E nem a salada sem graça e a massa modorrenta – servida depois que todo mundo já se empanturrou de minicoxinha – salva a digestão. Aliás, nem Jesus salva.

Por último, que tal pensar em lembrancinhas menos calóricas? Reunir aquela quantidade de balas e doces é um exagero. Um pirulito e um brinquedinho, ou lápis de cor e bloquinho, estão de bom tamanho e não provocam cáries. Lembrancinha de festa não é presente de Natal. Ou seja, não precisa de superprodução. É apenas uma forma de dizer "obrigada por sua presença".

Guerra à mesa

Conheci um casal que só comparecia a almoços ou jantares na casa de amigos se pudessem levar sua própria carne moída. Isso porque sua filha, então com 6 anos, só comia carne moída – não valia assada ou grelhada, nem cortada em pedaços. Mas também sei de crianças que, desde antes de saber ler, sabem soletrar foie gras, adoram sushi de ovas e não aceitam qualquer tipo de presunto no lanche: tem que ser de parma. Parafraseando – e adaptando – o início do romance *Anna Karênina*, todas as crianças agradáveis se parecem. Cada criança chata é chata à sua maneira. E não há nada pior do que ter que conviver com alguém tão pequeno e tão cheio de manias na hora de comer. Imagine o desgosto dos anfitriões que receberam a "família carne moída", ao ver seu menu desmoronar, só para a garota não ser contrariada? Ou a tristeza dos avós do menino do foie gras diante de sua cara de tédio para o pão com ovo? Senhores pais: comer de tudo é uma arte e uma prova de boa criação. Comida não é amor e não deveria ser moeda de troca. É só comida. E paladar se forma comendo coisas simples e sofisticadas, raras e triviais, doces e amargas, boas e nem tão boas. Ninguém traumatiza por enfrentar um almoço ou jantar sem seu prato preferido. Aliás, essa é até uma boa oportunidade para exercitar as regras sociais, enfrentar desafios ou simplesmente deixar os pais mortos de orgulho por ter um filhote tão civilizado.

> Um adendo: Crianças, muitas vezes, gostam de misturas excêntricas e isso não é nenhum pecado e nem precisa render quedas de braço entre pais e filhos. Vale a pena abrir espaço para coisas de arrepiar os cabelos – como misturar doce de leite com bolo de chocolate ou alternar uma colherada de sopa com outra de "danoninho", durante o jantar. Desde que esses episódios sejam exceção, não regra, ninguém precisa ficar em alerta. A infância precisa de alguns territórios livres, se não fica chata demais.

Roupas

Falando em território livre, que tal deixar de lado a imposição de seu estilo e respeitar o do seu filho? Resolvidas as questões de bem estar – agasalho no frio, roupas leves no calor – o resto pode ficar nas mãos dos pequenos sem prejuízos à saúde, mental ou física. Orientações sobre a adequação do figurino à ocasião são imprescindíveis no processo da educação, obviamente (para escola só se vai de uniforme e ponto final). Mas a decisão sobre se roxo combina com laranja não precisa ser sua. Informar sem impor, este é o segredo para estimular a autonomia ou simplesmente poupar aborrecimentos. Lembro até hoje, com arrependimento, de uma vez em que minha filha, então com quatro anos, caiu no choro porque eu não aprovei o conjunto formado por blusa estampada de corações e saia de flores. Tudo bobagem. Fazer combinações esdrúxulas é um exercício de estilo. Não ligue para a calça usada por cima da saia ou para a regata combinada a short e galocha. A revista *Vogue* não é parâmetro para esses casos. Não há censura que freie a queda infantil pela miscelânea de estampas e de cores. E mais: diga sim todas as vezes que seu filhote quiser usar fantasia , me ensinou, sabiamente, a estilista carioca Isabela Capeto – uma verdadeira mestra na arte de combinar cores, bordados e estampas (será que aprendeu com a filha?). Filhos usando fantasia é uma das mais lindas imagens da infância, pode acreditar. Não há quem não se encante em encontrar um homem-aranha na fila do banco, ou uma fada Sininho passeando pelo shopping. Deixe seus filhos aproveitarem antes que a idade adulta chegue e transforme o ato de se vestir num compilado de regras.

Uma última consideração: o que está dando nas mães, para saírem de "par de vaso" com as suas filhas por aí? Alguém inventou esta moda de pegar uma roupa de mulher e recriá-la numa versão miniatura. Várias grifes embarcaram na onda. Tem gente que acha lindo. Eu acho que foi um jeito das confecções desovarem o estoque de tecido. Tudo bem comprar um vestidinho com o mesmo pano para a sua herdeira – mas dê um jeito dela usar numa ocasião diferente. Menina vestida de mulher até comove. Mulher vestida de menina constrange.

Criança-outdoor

Um dia, em um parque infantil, reparei num menininho que começava a andar e deveria ter cerca de um ano e meio. Apesar do corpo miúdo, ele era adornado com quatro diferentes grifes de moda – todas visíveis há vários metros de distância. Era uma no boné, uma no moletom, outra na calça e uma quarta nos tênis. Fiquei me perguntando: será que a mãe vendeu espaço publicitário na roupa do guri? Imagino que não. O mais provável é que estivesse, talvez sem perceber, transformando o filho numa vitrine publicitária de graça. Muitos estudiosos de moda já discorreram sobre a "logomania", ou, a mania de exibir logotipos nas roupas e nos acessórios. Foi assim que os "Gs" da italiana Gucci se popularizaram ou as letras "LV" da francesa Louis Vuitton viraram sinônimo de ascensão social. Essa prática, muito popular nos anos 1980, tinha como objetivo mandar mensagens do tipo "eu posso, eu tenho dinheiro pra isto", ou seja, afirmar um status perante a sociedade. Quem estudou o fenômeno do ponto de vista psicológico concluiu que exibir a condição socioeconômica de forma tão explícita mascara uma enorme insegurança. Mas essa é outra discussão. O que impressiona é perceber que certos adultos não se contentam mais em exibir neles próprios uma quantidade absurda de logotipos e grifes. Precisam submeter os filhos a isso.

Convívio social

Pediatras, educadores e nossas avós costumam dizer: criança precisa dormir cedo. É bom para a saúde, auxilia no crescimento e no bom rendimento escolar. Além disso, a prática mantém a necessária separação entre a vida social das crianças e a dos adultos. Isso parece óbvio, mas nem sempre as pessoas praticam o óbvio. Basta observar o número de crianças frequentando ambientes – e em horários – que deveriam ser reservados exclusivamente aos adultos. Topamos com crianças em restaurantes e bares tarde da noite. É também comum encontrar pimpolhos em festas realizadas em casa e esse é um assunto delicado. Antigamente, esta separação – festa de adulto ou festa de criança – era mais clara na cabeça dos pais. Passou das oito da noite, só entra adulto, com algumas exceções para celebrações familiares.

Com as mudanças nas relações entre pais e filhos – que hoje envolve mais culpa – esta linha de separação parece ter desaparecido. E, em uma festa de adultos, não é raro ter que disputar um pote de batatinhas com um moleque comilão de seis anos, ou inventar palhaçadas para entreter uma menininha entediada de quatro. A questão, além das citadas no início, é que os encontros entre gente grande são essenciais para uma boa vida social. E quem não acredita nisso – ou não consegue, nem por algumas horas, deixar de ser pai e mãe, merece ficar em casa assistindo a *Procurando Nemo* pela 25ª vez. Porque, falando francamente, neste momento, donos de cachorros e pais de filhos pequenos muitas vezes se igualam: eles nunca acham que seus "filhotes" estão incomodando.

E para evitar situações desconfortáveis, é só atentar a algumas regras de convivência entre crianças e adultos. Por exemplo: a festa é durante o dia? Aceita-se criança, a menos que alguém expresse o contrário. E mais:

- Se você é convidado e a festa é noturna, nem pergunte: arranje uma boa babá e vá se divertir com gente da sua idade, sem culpa.
- Se você é anfitrião e acha que corre o risco de um dos casais convidados tentar incluir o filhote na parada, seja claro: expresse com todas as letras que a ocasião não inclui a moçadinha sub-18. De novo: sem nenhuma culpa.

3. *Cachorro: o problema é seu!*

Poucas pessoas reparam, mas ter cachorro é uma escolha de vida. Cães não são vasos: não ficam guardados na prateleira quando cansamos deles. Também não são bem-vindos em qualquer situação ou ambiente. Bichos incomodam, chateiam e viram um inferno na vida de quem não escolheu criá-los. Nada pessoal, mas decidiu ter, a responsabilidade é só sua e de mais ninguém!

Nas ruas

A *Revista da Folha*, do jornal *Folha de S. Paulo*, publicou em 30 de março de 2009: o bairro do Campo Belo, em São Paulo, já tem mais cães que humanos. A proporção é de 1,42 animal por pessoa ou cerca de três cachorros para cada duas pessoas. Os dados são do Departamento de Medicina Veterinária Preventiva e Saúde Animal da USP. E essa matilha nunca foi tão bem tratada. De acordo com dados do Sebrae-SP, o negócio das *pet shops* – estabelecimentos dedicados a lavar, embelezar, alimentar, exercitar, hospedar e entreter os cães – movimenta R$ 5 bilhões, anualmente. Segundo estimativas, o crescimento desse setor supera os 10% ao ano. Portanto, é fato que para o homem contemporâneo – principalmente os que vivem nos grandes centros – os cachorros são mais do que bichos de estimação, são extensões da família. Em alguns casos, eles são a família toda de homens e mulheres que decidem permanecer solteiros e descompromissados.

Muitos cachorros vivem dentro de casa. Alguns ganham refeição de gente ao pé da mesa. Os mais sortudos acabam conquistando o direito de dormir na mesma cama de seus donos ou donas.

Esta espécie de casamento entre cães e pessoas é uma escolha que não cabe julgamento – até que o dono e o seu bicho saiam para o espaço público. Aí eles terão de levar em conta o que os outros pensam. Porque por mais fofinhos, dóceis e bem treinados que possam ser esses amigos de quatro patas, as outras pessoas não são obrigadas a conviver com eles tão intimamente. Portanto, em nome da boa convivência bicho-gente, aí vão algumas atitudes *proibidas*:

- Deixar fezes largadas na calçada – e não vale amarrar o saquinho malcheiroso na lixeira alheia. Não é civilizado. O certo é levar para o lixo de casa, afinal a escolha de ter cachorro foi sua, lembra?
- Deixar o cachorro na porta da padaria ou do supermercado latindo para quem passa, só porque você decidiu levá-lo às compras. Mesmo que ele não morda, ele assusta e intimida, faz barulho e chateia quem não tem nada a ver com isso.
- Usar aquelas coleiras retráteis e deixá-las no máximo da extensão, obrigando os outros pedestres a desviarem do seu "amigão" curioso e cheirador. É prova de falta de educação – do dono, lógico.

Em casa

Você ama o seu cachorro. Você ama os seus amigos. Mas, decididamente, seus amigos podem não amar seu cachorro. Ou pior: seu cachorro pode não amar seus amigos. Dito isso, não há outra atitude a tomar: na presença de visitas, prenda o cachorro – seja ele um mini-poodle ou um são bernardo. Mesmo que os visitantes jurem que não é necessário. Acredite: tudo vai correr melhor e seus amigos terão a prova cabal de seu apreço por eles. O mesmo não se pode dizer do cãozinho. Mas ele esquece rápido. E quando estiverem novamente a sós, você pode compensar ignorando todas aquelas regras de convivência com bichos domésticos a que assistiu na TV a cabo – e deixar que ele acredite, enfim, que já virou gente.

Por fim: não é justo deixar o cachorro confinado no quintal, uivando por horas e horas e atrapalhando o sossego de seus pobres vizinhos. Cachorro não usa relógio. Não para de latir porque passou das dez da noite. Decidiu criar um bicho em casa? Então vai ter de dar atenção, carinho e cobrir a criatura de cuidados – o que inclui não permitir que ele encha a paciência alheia. E esse problema é só seu, o mundo definitivamente não tem culpa.

4. Amigos: alguns vêm, outros vão, poucos ficam

Amizade é coisa delicada feito planta. Leva tempo para germinar e, se não for regada constantemente, morre seca. Cultivar amizades – sejam elas antigas ou novas – é uma arte. Ser um bom amigo é uma ciência que nem todos dominam.

Atuais

Entre as inúmeras variedades de amigos que existem por aí, há pelo menos dois tipos que ferem as boas normas de convivência: o que some quando você está na pior e o que some quando você numa ótima fase. O primeiro tipo talvez seja o mais comum. Ele está disponível para os bons momentos: festas, feriados na praia, jantares maravilhosos e afins. Adora quando você está feliz e topa qualquer programa. Vibra com a sua carreira de sucesso e com seu tempo de sobra para os prazeres da vida. Mas experimente começar a contar problemas ou enumerar dores aqui e acolá. Ele some. Não quer te ouvir reclamar, não suporta seu sofrimento, não tem saco para emprestar os ombros para o seu rio de lágrimas. Afinal, pensa ele, todo mundo tem problemas, mas ele jurava que você era imune a eles – aliás, ele tinha esperança de que você permanecesse no reino da fantasia, onde não existem dívidas, desilusões, bafo, frieira, chulé ou pedra no rim. Quando voltarem os tempos de bonança – e eles sempre voltam –, é melhor conversar com o sujeito. O amigo com alergia à desgraça costuma ter solução. Normalmente, é apenas um carente que precisa de apoio emocional, mesmo quando é você que está na pior. Talvez valha a pena superar esta fraqueza, pois uma boa companhia para diversão é coisa para se guardar do lado esquerdo do peito.

O segundo tipo – o que não suporta a sua felicidade – é mais raro, ou talvez dê menos bandeira. Afinal, é preciso muita coragem para assumir, mesmo que seja para o espelho, que a felicidade alheia incomoda. Parece coisa de personagem do Gilberto Braga. Mas não é, infelizmente. Este tipo de amigo lida melhor com o seu azar do que com a sua sorte. Diante da sua fase gloriosa, ele sucumbe e se fecha. Foge, não retorna seus telefonemas e, no fundo, bem lá no fundo, nutre um desejozinho de ver seu mundo cair. Às vezes, inclusive, faz de tudo para que isso aconteça. Só para voltar a ter a nobre função de ser o último cipó da floresta. Ou, em muitos casos, para não ter que olhar para a própria infelicidade. Porque nada é mais insuportável do que um amigo apaixonado, de emprego novo, com casa reformada ou prestes a viajar para Paris. Eca. Posso ser uma pessimista incurável, mas não vejo salvação para este amigo-vampiro. Melhor levantar a guarda.

Um adendo: não abuse de seus amigos. Amizade também tem cartilha de boas maneiras. Evite ao máximo pedir favores do tipo:

- Trazer encomendas de viagem (a menos que a prática seja recíproca)
- Tomar conta de cachorro durante as férias
- Emprestar o livro preferido dele
- Arranjar um emprego para o amigo do primo do seu vizinho

- Hospedar algum parente
- Emprestar uma roupa ou acessório que ele acabou de comprar
- Comprar algo no cartão de crédito dele, porque o limite do seu estourou
- Guardar lugar no cinema para você, a esposa e os dois filhos

Antigos

Depois dos 40, são inevitáveis os convites para aqueles encontros com ex-colegas de colégio ou de faculdade em comemoração aos anos – senão décadas – de formatura. Primeira providência: não vá. Dê qualquer desculpa: viagem de trabalho, filho doente, carro quebrado, parceiro hospitalizado, apêndice supurado. Vale tudo para escapar da roubada homérica de ter que rever aquela turma. Cá entre nós, se você nunca mais quis procurar seus ex-colegas de escola, é porque teve um ótimo motivo. Os que desejam continuar encontrando a turma com o passar dos anos, simplesmente dão um jeito para que isso aconteça. Telefone existe para isso. Carta, e-mails, carro, metrô e avião existem para nos aproximar de quem a gente gosta. Se demorou 20 anos para você reencontrar aquele colega inseparável do ginásio, não foi porque ele se escondeu num iglu no Alasca. Foi por que as afinidades que uniram vocês cessaram no minuto seguinte ao término do último dia de aula do último ano da escola. Ter amigos do peito, turminha inseparável, colega-chiclete durante o período escolar ou mesmo de faculdade é questão de sobrevivência. Está no inferno, abrace o capeta e siga em frente. Mas depois, é diferente. E se nada mais rolou depois do baile verde, é porque não tinha que rolar. Pena, mas a vida é assim.

Futuros

Conhecer gente nova, na teoria é bom. E, atualmente, é muito fácil. Gente nova e, aparentemente, interessante surge aos borbotões no mundo real e virtual. As relações – principalmente no Brasil, um país sabidamente "amigável" – vivem a era da informalidade. Perdeu-se a cerimônia. Em um minuto, vira-se amigo de infância. Ninguém espera apresentações muito pomposas para sair perguntando à moça ao lado qual o número da tintura que ela usa nos cabelos. O problema é que, para não parecer retrógrado ou mal-humorado, poucos têm coragem de admitir que gostariam de preservar sua intimidade – e que não estão procurando por um novo amigo, naquele momento, obrigado.

Recusar o convite para uma amizade, atualmente, parece crime ou falha de caráter. Mas não é, acredite. Na ausência de bons argumentos, apele para a falta de tempo para cultivar os amigos já existentes. Diga que gostaria de passar mais tempo com eles, mas nunca consegue. O tempo é sempre curto demais e as pessoas, cheias de compromissos e tarefas. É mais honesto do que pegar o telefone, o e-mail e o endereço e nunca mais dar sinal de vida.

Sim, você pode não querer dividir a mesma fatia do bolo com mais pessoas. Para evitar que sobre gente com fome.

> E mais: sabe aquela pessoa que, no segundo seguinte, depois de te conhecer, já o chama por apelido (no meu caso, "Van")? Não merece ser seu amigo. Pelo simples fato de que intimidade é algo que se conquista e não se arranca na marra. Intimidade nasce de uma amizade real, que, por sua vez, precisa de tempo para enraizar e florescer.

5. *Trabalho: respeito é bom e preserva o emprego*

Respeito nas relações profissionais virou artigo mais raro que diamante colorido. Bom senso também tem virado artigo de luxo. É pena, porque se a carreira ocupa tanto de nossas vidas, ela deveria ser mais bem cuidada.

Relações

Colega de escritório é como família: a gente não escolhe. Então, o jeito é conviver da melhor maneira possível. E se não for possível conviver, é melhor mudar de área, de emprego e, em último caso, de profissão.

Há inúmeras regras de etiqueta que regem o dia a dia corporativo, feitas por autoridades no assunto. Elas discorrem sobre a forma correta de apresentar as pessoas, como criar um currículo eficiente, como se comportar no ato de pedir um aumento e coisas do gênero. Como não sou uma dessas autoridades, pessoalmente, eu só acredito numa regra fundamental: o respeito pelo outro. Todo o resto é desculpável e pode ser resolvido com boa vontade, simpatia e humildade. Mas desrespeitar alguém – seja por inveja, medo, raiva ou desdém

– é uma atitude imperdoável. E quando digo desrespeitar, refiro-me a gritar, ofender, desmerecer, humilhar ou debochar de um colega de trabalho. Se o desrespeito for dirigido a uma pessoa hierarquicamente inferior, pior ainda. A atitude deixa de ser apenas falta de educação e pode ser enquadrada como crime de assédio moral – passível de processo.

Para que ninguém precise chegar a isso – e para manter o bom convívio corporativo – eu idealizei o meu "top 10" das boas maneiras no escritório.

Lá vai:

1. Nunca fique de cochichos pelos corredores para falar mal de algum colega: ele percebe, todo mundo percebe e o clima fica péssimo.
2. Tem algum problema com alguém? Chame para um café e seja direto. De nada adianta envolver outras pessoas. Você já passou dos cinco anos, pode resolver seus problemas sozinho.
3. Não use o e-mail ou telefone da empresa para assuntos pessoais – muito menos para desqualificar seu chefe ou algum colega. Além de horrível, é fácil, fácil acabar em demissão.
4. Vai convidar um colega para almoçar e tem mais gente perto? Chame todo mundo. É uma tremenda grosseria preterir alguém – por mais chato que seja o sujeito. A mesma regra acima vale para convites para festas, batizados, casamentos, jantares e afins.
5. Não seja espaçoso, não pegue nada da mesa do outro sem pedir. Não foi assim que sua mãe lhe ensinou?
6. Seja ético: todos os dias, com todo mundo (e com você mesmo) e em todos os lugares.

E para os chefes:

7 Não fale mal de um subordinado para outro subordinado. É óbvio que ele vai concordar com você. Preciso explicar por quê?

8 Nunca, sob nenhuma hipótese, dê broncas em público. O certo é chamar o indivíduo para um papo a dois. Não consegue se segurar? Então, você não merece ser chefe.

9 Alguma coisa saiu errado? Assuma a culpa com a sua equipe. Deu tudo certo? Distribua os louros. É o que diferencia os chefes seguros dos medíocres.

10 Você é referência para todos. Não vale chegar atrasado, demorar demais no almoço, descumprir promessas, deixar sua equipe trabalhar no fim de semana enquanto você está na praia ou ficar batendo papo com amigos no telefone – enquanto todos ralam.

Figurino

A roupa certa para trabalhar ainda causa tanta confusão que certas empresas criaram seus próprios "manuais de estilo", para tentar conter os arroubos fashion de seus funcionários. Muitas também contratam, de tempos em tempos, consultores de imagem para explicar a forma mais adequada de apresentar-se para a labuta.

Cada profissão tem seu código de vestir. Um advogado não se veste como um professor de educação física, nem um cirurgião como um jogador de futebol. Mas todo profissional deveria seguir a mesma máxima, que diz que roupa de trabalho não é uma expressão de estilo pessoal. Ela é uma ferramenta corporativa, o principal cartão de visitas de um indivíduo e a maneira mais rápida de comunicar as características de uma determinada atividade – ou empresa – aos interlocutores.

Ou seja: feliz ou infelizmente, no momento da labuta, todo mundo tem que se adequar a uma determinada linguagem. E isso vale mesmo para os trabalhadores autônomos, pois eles representam uma categoria profissional e precisam vestir-se de acordo com os seus requisitos.

Outra coisa que vale para todo mundo: ambiente de trabalho não é lugar para abusar dos truques de sedução. Excesso de decotes, roupas justas, fendas e transparências podem passar a mensagem errada e acabar com a credibilidade. Quer chamar a atenção de chefes e colegas? Melhor usar a inteligência.

Mas se cada profissão tem seu visual próprio, elas também têm "desafios estéticos" a superar. Afinal, se todo mundo for se vestir da mesma forma, o mundo vai ficar bastante monótono. Portanto, listei abaixo algumas sugestões para ir além do óbvio:

Profissionais com figurino formal (advogados, banqueiros, consultores, executivos em geral)

O desafio é quebrar a monotonia do trio costume + camisa + gravata e amenizar uma imagem de rigidez exagerada.

Homem

- Não fique só nos tecidos lisos. Grandes blocos de cores lisas cansam a vista. Use um costume com padronagem discreta, como risca de giz ou olho de perdiz: elas dão bossa ao visual.
- Quando a situação permitir, substitua o costume preto ou marinho pelo cinza-claro: as cores mais suaves aproximam e facilitam a interação.
- Outra opção para os dias que não requerem formalidade máxima é usar o costume e a camisa sem gravata. Já deixou de ser esquisito ver homens vestidos assim. E se surgir uma reunião de última hora, é só colocar a gravata e você está pronto.

- Brinque de misturar: a camisa com padrão xadrez (fundo branco) com gravata listrada. Ou mesmo os três elementos – camisa, costume e gravata – com padrões diferentes. O segredo é escolher peças com uma cor predominante: cinza ou azul, por exemplo.

Mulher

- Não precisa usar apenas tubinho de tecido liso. Vale usar uma estampa geométrica discreta. Fica chique.
- Quem trabalha de terninho ou tailleur pode optar por um de estilo mais contemporâneo e combiná-lo a uma blusa de decote "V" ou canoa, no lugar de camisa.
- Troque a joia por uma bijuteria sofisticada. Não é por que você é uma executiva que precisa usar colar de pérolas todos os dias.
- Troque a meia preta transparente por uma fosca com um padrão discreto, como xadrez de duas cores. Quebra a monotonia do tailleur.

Profissionais com figurino informal (jornalistas, publicitários, designers, estilistas, vendedores)

Eles costumam transitar em vários ambientes, mas a maior parte do tempo estão vestidos de forma casual. Precisam tomar cuidado para não parecerem à vontade demais ou imaturos para a função.

Homem

- Um bom truque para parecer um profissional mais sério é adotar cores escuras e peças estruturadas (troque a calça de sarja clara por uma de alfaiataria preta e a jaqueta jeans por um blazer cinzachumbo, por exemplo). É bom para uma reunião com clientes, por exemplo.
- Troque a camiseta por uma camisa de mangas longas e o jeans surrado por um modelo com lavagem escura e corte reto.

- Nada de ir trabalhar vestindo camiseta do time. Mesmo que ele tenha ganho um campeonato depois de 15 anos.
- Se você não é professor de educação física, não tem desculpa para trabalhar de tênis. Então, é melhor evitar – mesmo o All Star, essa verdadeira febre. Ele deixa um ar de colegial. No mínimo, use um sapatênis, que é descontraído, porém mais arrumado.

Mulher

- Cuidado com figurino romântico demais. Babados, laços, cor-de-rosa, estampas fofinhas (tipo Hello Kitty) fazem você parecer uma colegial, não uma profissional tarimbada.
- Usar um pouco de maquiagem levanta qualquer visual.
- Não abuse das bijuterias com apelo étnico. No trabalho, menos é sempre mais.
- Nunca, em hipótese alguma, vá trabalhar de tamanco ou rasteirinhas de dedo. Flagrar alguém de "crocs" deveria dar demissão por justa causa.

Ambos

- Usar peças de um designer bacana é legal. Mas não exagerem para não parecer que o look foi patrocinado.
- Evite usar logomarcas de grifes muito visíveis, pela mesma razão.
- Não confundam informalidade com desleixo. Mesmo sem adotar o figurino formal, as roupas de trabalho precisam ter qualidade.

Obs.: Entre as situações mais delicadas do mundo corporativo está a chamada "festa da firma" – a confraternização de fim de ano que costuma reunir patrões e empregados para festejar os bons resultados de mais um ano de trabalho. O figurino ideal vai depender do horário e da formalidade da comemoração. Mas, via de regra, a roupa precisa ser escolhida com atenção. Não é o momento para descontrair demais – e investir na dupla chinelão e regata – mesmo que o evento seja um churrasco à beira da piscina. Entre colegas de trabalho, é bom não abusar da intimidade. Para as mulheres, o melhor é não exagerar nas fendas e nos decotes, mesmo que o evento seja noturno. A descrição é a melhor arma, também aqui, para manter distância de colegas mais afoitos e continuar a manter uma imagem profissional adequada.

6. *Web: o mundo em rede e você em maus lençóis*

A internet já não é mais novidade, mas continua a mexer com a maneira de as pessoas se relacionarem. Na web, tudo ganha proporções avassaladoras, como se as atitudes passassem por uma lente de aumento. O que seria apenas uma pequena grosseria no mundo real reverbera e infla na rede – e além de dor de cabeça, pode dar até processo.

Blogs

Tenho saudade do tempo em que os diários eram coisas privadas. Tinham até cadeado que servia para defender os segredos de algum bisbilhoteiro que queria se divertir às custas do desespero alheio: um irmão, um primo, uma vizinha fofoqueira. Lá estavam reunidos os desejos, pecados, alegrias, tristezas, mas, principalmente, aquelas coisas que passavam pela cabeça e que não chegavam a ser expressas em palavras, principalmente porque eram irrelevantes para o resto do mundo. Antes da invenção da web, os diários eram apenas isso: uma forma de expressão que interessava a poucos ou apenas a um.

Daí, a popularização da vida virtual fez surgir os blogs, uma espécie da família dos diários que migrou da vida privada para a rede pública, e, mais recentemente, os microblogs, como o Twitter. E a coisa não deve parar por aí: as mudanças estão apenas começando. Com os blogs e os microblogs nasceu um universo paralelo recheado de opiniões. Assumo que a mídia independente – e o blog o é, por excelência – é sempre mais divertida do que a representada pelos grandes grupos editoriais. Também reconheço a boa quantidade de gente interessante e inteligente usando a ferramenta para expor sua visão da contemporaneidade – tudo ao alcance de um "click". Mas não há como negar que o fenômeno dos blogs ganhou proporções assustadoras. Ser "blogueiro" virou profissão (daqui a pouco terá sindicato e vestibular?). E o resultado são telas e mais telas recheadas de infinitas bobagens, teorias estapafúrdias, discursos vazios, apropriações de textos e fotos de outros autores – sem falar nos erros de português. Tudo bem, é praticamente irresistível ter o seu próprio palanque, mas vamos com calma. Expor ideias requer responsabilidade, coerência e noção exata das consequências de suas palavras. Ou seja, está ao alcance de todos, mas não é para qualquer um.

Redes sociais

Elas são interessantes, na teoria. Mas podem ser enervantes, na prática. Orkuts, Facebooks e similares têm uma série de vantagens, que incluem a troca rápida de informação, a aproximação de pessoas e a diversão que é bisbilhotar a vida alheia. Mas, na prática, esta exposição desenfreada, esta rapidez com que as pessoas se tornam amigas de infância, parece-me artificial e alucinada. Não basta o sujeito ter cursado o mesmo jardim de infância que você, para, depois de adulto, merecer sua confiança. E o que me espanta é que muita gente sai disparando para o mundo o seu perfil completo, sem se preocupar com que tipo de gente está tendo acesso à sua intimidade. Tudo em nome de uma popularidade que, no fim, serve para quê? Acho que ninguém tem a resposta.

Mas como as redes sociais são um caminho sem volta, proponho seguir alguns princípios para conviver nelas sem cair em armadilhas ou ficar com a imagem arranhada:

- Nunca é demais dizer: não coloque endereço e dados pessoais na rede. Quem precisa ter, já tem. Quem perdeu, saberá onde encontrar.
- Fique à vontade para "ignorar" um pretendente a amigo de quem você nunca ouviu falar. Tem gente que só quer saber de formar network (vamos falar disso mais adiante).
- Se alguém disser "não" à sua solicitação de amizade, não insista. Amor próprio nunca é demais, mesmo no ambiente virtual.
- Para os homens: não fiquem querendo recuperar o tempo perdido dando em cima de todas as ex-namoradas que encontrarem na rede. Nada mais chato do que um galinha virtual tardio.
- Para os ciumentos: ficar espionando a página do companheiro, companheira ou pretendente para checar com quem ele ou ela se relaciona é infantil e a maior prova de insegurança.
- Atualmente, grandes empresas frequentam redes sociais para saber mais sobre seus funcionários ou candidatos a emprego. Portanto, se quiser ser respeitado, seu comportamento na web também terá que ser impecável. (Recentemente, uma jovem britânica foi demitida do escritório onde trabalhava por declarar, em sua página no Facebook, que o seu emprego era chato.)
- Ficar navegando em redes sociais durante o horário de trabalho é sempre uma questão delicada. Evite, mesmo que seja para fazer "contatos profissionais". A impressão vai ser sempre que você está matando trabalho.
- Não se esqueça: o computador da empresa não é seu e o conteúdo que transita por ele é monitorado, pois é tratado como informação confidencial.

Network

Nossas mães, sabiamente, já diziam: relacionamento é tudo. Mas no mundo virtual, bastou adicionar o sujeito ao time de amigos no Orkut, no Facebook ou no jogo de palitinho para achar que existe mesmo uma "relação". O problema é que, na maioria das vezes, não há. De que adianta ter um milhão de seguidores no Twitter se, na hora do aperto, você só puder contar com dois ou três? Formar network é bom, desde que se tenha bom senso e um mínimo de "desconfiômetro". E para ser realmente sólida, a relação terá que acontecer também fora da rede. Mas, não se preocupe: ninguém precisa de tantos amigos assim.

Correntes, rezas, simpatias e afins

Nada mudou. Esse tipo de e-mail continua a ser uma forma eficiente de irritar as outras pessoas. Nada pior do que, no meio de uma tarde lotada de trabalho, ter de ficar deletando e-mails, que juram que você só se dará bem na vida se passar para frente aquela oração ou imagem de santo. Portanto, se você realmente preza os seus amigos, não envie esse tipo de coisa. Muito menos aqueles vídeos horrorosos de ursinhos enjaulados ou de filhotes de focas sendo mortos a pauladas. Tudo bem, a gente não concorda com o sofrimento dos animais. Mas quem não trabalha para o Greenpeace ou para outras instituições do gênero, provavelmente, terá coisas mais urgentes a tratar. Cada um com a sua bandeira, ok?

7. Consumo consciente: sem fazer cara de paisagem

Isso mesmo: você pode até achar esse papo chato e cansativo, mas não dá mais para fingir que não é com você. Reciclar é preciso. Desperdiçar menos é questão de sobrevivência – e de boa educação, por que não?

Roupas de segunda mão

Os brechós, os mercados de pulgas e afins são normais há muitas décadas, na Europa. Como sofreu com períodos de guerra, o europeu não vê nada demais na reciclagem de roupas, e compra coisas que já passaram pelo armário alheio numa boa. E não estou falando de *hippies* tardios, não, mas de gente de classe média, que pode comprar coisas novas, mas que tem outra mentalidade. No Brasil, a moda dos brechós é recente. E só aconteceu, na minha opinião, depois que as revistas especializadas em moda descobriram "pérolas" de grifes famosas que podem ser encontradas nessas butiques – antigamente, só frequentadas por iniciados. Depois disso, vários estabelecimentos pipocaram na cidade e perderam a vergonha de se mostrar. Antes, brechó era coisa de gente "alternativa" ou com orçamento apertado. Afinal, nosso modelo de consumo é bastante identificado com o dos Estados Unidos – a meca das mercadorias novinhas em folha – onde se prega que consumir mais e mais é uma questão de amor à pátria. Hoje, os estabelecimentos que vendem coisas usadas – antigas ou nem tanto – são frequentados por gente como eu e você, sem vergonha de fazer uma boa garimpagem fashion.

Mas quem ainda resiste à ideia de usar coisas de segunda mão pode optar por adquirir peças novas, mas que passaram por uma "repaginada". Já há marcas fazendo isso no mercado brasileiro. É o caso da In.Use, grife criada em 2008 pelas estilistas uruguaias Ana Inés Piriz e Agustina Comas – esta última, radicada no Brasil desde 2004. Elas compram peças do estoque encalhado de diferentes confecções brasileiras. Depois de um estudo detalhado, as peças são descosturadas e remontadas, para dar origem a coisas novas – que voltam ao mercado. Como Ana Inés mora em Montevidéu, as roupas da In.Use são desenhadas a quatro mãos por vídeoconferência. Só para citar alguns exemplos do que elas são capazes: com uma calça comprida, elas fazem uma jaqueta ou uma saia; de duas camisas, nasce um vestido. O legal é que, quem compra a nova roupa sabe, pela etiqueta, quais peças a originaram. E cada artigo nunca fica igual ao outro. A In.Use nasceu da constatação de que o mundo já tem coisas demais. E que a indústria considerava como ultrapassadas vestimentas que ainda tinham muita serventia. Ótima sacada, não?

Garage sale

É o nome "fashion" do troca-troca de roupas com as amigas. Funciona assim: você reúne entre cinco e dez amigas (acho o número ideal) para um café da manhã em casa. Cada uma delas leva roupas, sapatos e acessórios que não usa mais e que estejam em bom estado. Aí começa o escambo: um moletom por um scarpin; uma bolsa por um sapato. Ou, se preferirem, as peças podem ser vendidas por preços simbólicos. O que importa é se livrar de coisas que estavam encostadas, e conseguir outras que serão muito úteis. Eu já testei: funciona, além de ser muito divertido. E vale colocar outros objetos na roda, como CDs, livros e DVDs.

Reciclagem

Você pode até não saber exatamente do que se trata, mas certamente já ouviu falar. E não dá mais para fazer "cara de paisagem" diante da quantidade absurda de lixo que as grandes cidades geram todos os dias. Portanto, mexa-se e veja como é fácil aumentar a vida útil de vidro, papel e plástico. Mesmo que você não consiga transformar sua casa num organismo sustentável e "eco-friendly", pelo menos não vai mais ganhar a medalha "porcão da rua" pelo acúmulo de coisas que manda para o lixo todos os dias.

1. Vidros*

Tem processo de reciclagem simples, e a fabricação de uma tonelada de vidro reciclado evita a extração de uma tonelada de areia de rios. Com isso, há uma economia de 32% de energia e 50% de água. A reutilização também diminui em 20% a emissão de poluentes inerentes ao processo de fabricação. Para enviar para a coleta seletiva, é preciso limpar, enxaguar e retirar tampas, rótulos, etiquetas e adesivos.

Podem ser reciclados: copo, frasco de remédio, jarra, garrafa e vidro colorido.

Não podem ser reciclados: vidro de automóvel, pirex, espelho, tubo de TV, lâmpada, óculos e cristal.

2. Sacolas plásticas**

Uma vez, enquanto eu passava minhas compras pelo caixa de um supermercado em São Paulo, eu fui indagada por um senhor que aguardava sua vez atrás de mim:

– "Por que você está usando sacola de pano? Eles não dão mais sacolas de plástico neste supermercado?

Eu respondi – "Sim, dão, mas eu prefiro trazer as minhas sacolas de pano de casa."

– "Ah bom, se eles estivessem com essa frescura (sic) eu não voltava mais aqui."

Juro, isso aconteceu. E demonstra o que boa parte das pessoas pensa sobre diminuir o consumo de sacolas plásticas. De acordo com o Ibope, em uma pesquisa realizada para o Instituto Sócio-Ambiental dos Plásticos – Plastivida, quase 100% da população usa as sacolas para descartar lixo doméstico e 71% as consideram ideais para transportar as compras. Mas, de acordo com o instituto, a baixa qualidade das sacolas plásticas oferecidas por alguns supermercados faz com que muita gente precise usar dois, ou mais saquinhos para transportar compras pesadas ou utilize apenas metade da sua capacidade de aguentar peso. A entidade briga para que as sacolas plásticas sejam feitas de acordo com a Norma Técnica ABNT 14.937, e devidamente identificadas com o Selo de Qualidade INP/ABIEF, que garantem o transporte de até 6 kg, sem risco de rasgar. É uma solução que garantiria uma economia de 30% no consumo de plástico, de acordo com a Plastivida. Ou seja: alguns bilhões de sacos a menos poluindo o ambiente.

E há outras soluções, como a adotada por mim: de passar a transportar as compras em sacolas do tipo "ecobag" e concentrar o lixo orgânico numa lixeira grande e única. Mas, como tudo na vida, é uma questão de mudança de hábitos e de postura frente ao futuro das novas gerações.

3. Latas de alumínio ***

Cada quilo de alumínio reciclado economiza cinco quilos de bauxita (minério do qual se produz o alumínio). Para reciclar uma tonelada de alumínio é preciso utilizar somente 5% da energia necessária para se produzir a mesma quantidade do metal primário. Em outras palavras, a reciclagem no caso das latinhas de cerveja, refrigerantes e similares poupa 95% de energia elétrica. A reutilização de uma única latinha economiza energia suficiente para manter um aparelho de TV ligado por três horas. Ou seja: talvez seja o caso de passar a consumir menos bebidas em garrafas PET, substituindo-as pelas latas.

4. Latas de aço ***

Elas podem ser transformadas em vergalhões, arame, aço plano ou laminado para diferentes aplicações – o que garante uma boa economia de energia e recursos naturais. A estimativa é de que, a cada 75 latas recicladas, uma árvore é salva de virar carvão vegetal. A cada cem latas refundidas, economiza-se o equivalente a uma lâmpada de 60 watts acesa durante uma hora.

5. Papéis ****

A reciclagem do papel reduz o corte de árvores, não exige processos químicos e gasta metade da energia que seria usada para fabricar papel a partir da madeira. Reciclando uma tonelada de papel há uma economia de 4.200 kW/h de energia e de 17 árvores. O processo também poupa o ambiente de 27 kg de poluentes e do gasto de 26 mil litros de água.

Papéis combinados com outros materiais (plastificados, metalizados, papel-carbono) ou muito sujos de graxa, gordura, alimentos, e também os papéis higiênicos, não devem ser misturados com os papéis que serão reciclados.

Nunca é demais lembrar que para irem à reciclagem, as embalagens, sejam de plástico, alumínio, vidro ou aço precisam estar limpas. E é, muitas vezes aí, que a coisa pega, porque muita gente tem a maior preguiça de lavar o próprio lixo. Tudo bem. Existe outra opção: deixar para os seus descendentes uma montanha de porcaria como "herança".

Para quem deseja um ambiente melhor, seguem as cores dos lixos, para "falar a língua" da coleta seletiva:

AZUL: papel/papelão
VERMELHO: plástico
VERDE: vidro
AMARELO: metal
PRETO: madeira
MARROM: resíduos orgânicos

*Fonte: Abividro
**Fonte: Plastivida
***Fonte: www.pintoulimpeza.com.br
****Fonte: Fibranew

8. Praia & piscina: civilidade à prova de calor

Ser fino, todo vestido, é fácil. Difícil mesmo é passar bom gosto usando trajes sumários. Mas a verdadeira elegância – seja à beira de água doce ou da salgada – vem das atitudes que se tomam quando a cuca esquenta e os ânimos fervem.

Na praia

Se as pessoas soubessem se comportar na praia, não precisaria haver lei – como na cidade do Rio de Janeiro – para proibir frescobol ou outros jogos de bola em horário de pico. As pessoas saberiam, apenas pautadas pelo bom senso, que em lugar lotado não dá para fazer tudo o que quiserem. Na falta desta "autorregulamentação", a prefeitura do Rio precisou intervir. Além dos jogos de bola, há outros comportamentos problemáticos para o bom convívio na areia. A seguir, alguns deles:

O porcão sem "semancol"

Ele leva de tudo para a beira do mar: isopor, barraca, cadeiras, toalhas, várias latas de cerveja, água e pacotes de salgadinho – como se preparasse para uma guerra. E também encara água de coco, caipirinha, picolé, milho assado e outras iguarias vendidas *in loco*. Até aí, tudo legal. O problema é quando ele sai e os montinhos de lixo ficam pelo caminho – que inclui bitucas e mais bitucas de cigarro (porque sua trupe é composta por pelo menos dois fumantes). E nem adianta dizer que carcaça de coco e caroço de maçã são resíduos orgânicos e, portanto, biodegradáveis. Se todo mundo for esquecer seus alimentos meio consumidos na areia, dá para imaginar o que vai virar? Um aterro sanitário com vista para o mar.

O dono (sonso) de cachorro

Todo mundo sabe que praia e cães não combinam, mas tem sempre um esperto para argumentar que o seu – só o seu – é tão limpinho e não incomoda! Conforme tratamos no capítulo "Cachorro: o problema é seu!", o mundo não é obrigado a gostar do seu amigo peludo dando mergulhos na arrebentação. Muita gente pode não estar disposta a se banhar nas mesmas águas em que ele se banha. Se o pet frequenta a sua banheira e dorme na mesma cama que você, o problema é seu. Mas, por favor, poupe o mundo desse excesso de intimidade!

O pai pós-hippie sem noção

Ele não se estressa. Nem quando sua prole corre enlouquecida pisoteando cangas e esteiras ao redor. Ele não vê seu filhote gritar, arremessar objetos ou incomodar a vizinhança. Só tem olhos para a paisagem ao redor e para as ondas hipnóticas que vêm e vão. Adora a energia incansável da infância e considera seus filhos criaturas de uma candura sem fim. Tudo muito poético, embora quase lunático. Enquanto ele sonha com uma viagem interestelar e cultiva a cabeleira "à la Novos Baianos", o mundo que aguente a tempestade de areia.

Na piscina

Aqui, as regras são praticamente as mesmas, porém, com algo a mais: exige um *dresscode*. Se o ambiente praiano aceita tudo, a piscina tem demandas específicas. Quem mora no Brasil certamente não se espanta com biquínis minúsculos desfilando pela areia. O cenário à beira-mar, sob a luz forte do sol, cria uma paisagem difusa. É quase como se os elementos – pessoas, coqueiros, barcos – compusessem uma cena única e indistinta. Já na piscina, mesmo na de grandes clubes, tudo fica próximo e com mais definição. E isso inclui partes do corpo. Portanto, o tal biquíni ousado que passaria despercebido na praia aqui fica demais – ou de menos. Piscinas pedem tangas e sutiãs maiores, peças mais comportadas e, por que não, sofisticadas. Menos democrático, esse ambiente aproxima-se do convívio urbano, por isso é sisudo. Aproveite para estrear aquele belo maiô com drapeados e aviamentos[1] diferentes, por exemplo. Deixe a microtanga na gaveta e abuse das saídas de banho requintadas, do tipo caftan[2]. O truque é se imaginar num belíssimo barco navegando pela Côte D'Azur – onde a elegância nunca é demais.

[1] Botões, zíperes, tachas, pedrarias e outros componentes de uma roupa.

[2] Túnica de origem oriental, com corte solto, abertura na frente e mangas largas, muito usada nos anos 1960 e 1970.

9. Dinheiro: saiba usar e o que fazer quando faltar

É sempre um assunto espinhoso – seja quando sobra ou quando falta. Quando sobra, pode virar um problema, sobretudo, em mãos inábeis, que não conseguem fazer o montante crescer e se multiplicar. Porque mesmo uma quantia absurda de dinheiro, se não for bem administrada, um dia acaba. Quando falta provoca toda aquela série de frustrações e privações que só quem já sentiu, em algum momento da vida, sabe o que é.

Entre as relações humanas que se estabelecem em torno do dinheiro, a mais delicada delas chama-se empréstimo. É chato mesmo, mas ninguém está livre de precisar socorrer algum parente ou amigo ou, pelo contrário, precisar da generosidade alheia. E por se tratar de uma relação extraoficial – diferente da que se teria com um banco – requer algumas regrinhas de boas maneiras para não virar motivo de estresse. Porque seja para quem empresta ou para quem pede, os problemas são quase inevitáveis. Mas é possível prevenir brigas inflamadas e vítimas chamuscadas.

Quando você pede emprestado

- Ao pedir, o ideal é sempre estipular um prazo para a devolução. Faça isso se tiver certeza que vai conseguir cumprir. Do contrário, é mais honesto dizer que não sabe quando vai poder pagar.
- Jamais esqueça da dívida. O tempo passa, mas, infelizmente, não apaga esse tipo de coisa.
- Priorize sempre o pagamento de quem te emprestou, antes de trocar a TV, comprar um carro, uma geladeira, um aparelho de som ou um computador.
- Não esbanje nem fique contando vantagens sobre a última viagem que fez, ou o restaurante sofisticado que frequentou. Mesmo que não tenham custado tanto, faz a pessoa que foi generosa com você sentir-se uma idiota.

Quando você empresta

- Em primeiro lugar, tenha o assunto bem-resolvido: se emprestar dinheiro a alguém te tira o sono, não empreste. Dê apoio, ajude a pessoa necessitada com boas sugestões – ou até com cesta básica – mas fique firme na sua convicção.
- Estipule, de cara, qual o seu limite e qual o prazo em que vai precisar do dinheiro de volta. Se ao final do período a pessoa que pegou o dinheiro não se manifestar, esteja à vontade para tocar no assunto.
- Você não é obrigado a financiar novamente uma pessoa que não te pagou da primeira vez.

Quando você deve

Como bem escreveu a jornalista Mara Luquet: *Tristezas não pagam dívidas*. O que resolve é reorganizar a vida financeira, tendo sempre a certeza de que não se está sozinho nessa. O livro de Mara é cheio de boas sugestões para lidar com as dívidas, renegocia-las e dar um jeito na mania de gastar demais. Vou resumir algumas aqui:

1. Procure um bom gerente de banco (sim, eles existem). Ele é a pessoa mais indicada para auxiliar no reajuste da vida financeira.
2. Quando decidir começar a pagar suas dívidas, comece pela mais cara – aquela que tiver os juros maiores. Elas devem ser liquidadas primeiro, pois são as que mais "drenam" o seu dinheiro.
3. Não contraia novas dívidas (financiamento de automóvel, por exemplo) enquanto está em processo de refinanciamento de pagamentos atrasados.
4. Cuidado com a sensação de "euforia" por começar a saldar as pendências para não cair novamente na armadilha do crédito fácil.
5. Quanto às dívidas de cartões de crédito, espere por promoções que as administradoras fazem, em geral, livrando você das multas. E negocie, negocie, negocie muito. Você vai ver como o valor original da pendência vai cair. Lembre-se sempre: as administradoras estão interessadas na quitação da dívida.
6. Se você não sabe gastar a prazo, melhor não ter cartão de crédito e nem talões de cheques. Para algumas pessoas, a única prevenção é andar com dinheiro vivo e gastar só o que tem.
7. Carro não é investimento, é despesa. Essa coisa de vender um usado à vista e entrar no financiamento de um novo é uma ótima maneira de perder dinheiro.
8. O SPC e o Serasa não são seus inimigos mortais. Pelo contrário: são aliados, pois impedem que você continue se endividando. "Alguém tem que fazer você parar."
9. Várias empresas contratam escritórios de advocacia para lidar com inadimplentes. Jamais se deixe intimidar por eles – que, em geral, possuem atendentes bastante mal-educados. "Reaja com altivez. Mostre a eles que você merece mais respeito. As empresas têm o direito de cobrar, mas não o de constranger."
10. Por fim, faça um diário da evolução de sua reestruturação financeira, no qual conste quantas coisas ainda restam para serem pagas. Fixe metas e prazos. Aos poucos, tudo vai se normalizar e você vai poder comemorar.

Obs.: Agora uma dica com base na minha experiência: se você está duro, não tem outro jeito se não diminuir as situações-tentações que fazem gastar dinheiro. Para as mulheres, muitas vezes, o fraco são sapatos, bolsas e outros acessórios. Portanto, é necessário restringir ao máximo as idas aos shoppings. Nesse momento, aquele velho ditado "o que os olhos não veem o coração não sente" comprova-se verdadeiro. E se por acaso precisar mesmo passar perto de lojas tentadoras, o jeito é sair de casa com o dinheiro contado. Outra coisa que funciona comigo: anotar todos os gastos. É um bom jeito de ver para onde vai o nosso suado dinheirinho. Normalmente, descobrimos que gastamos muito em coisas completamente inúteis.

Bibliografia

Alyce Parsons e Allison L. Better, *What's my style?* Nova York: Editora da autora, 1998.

Ana Vaz, *Pequeno livro de estilo – Guia para toda hora.* Campinas: Ed. Verus, 2007.

Gilda de Mello e Souza, *O Espírito das roupas – A moda do século dezenove.* São Paulo: Cia. das Letras, 1987.

Gloria Kalil, *Chic Homem – Manual de moda e estilo.* São Paulo: Ed. Senac São Paulo,1998.

Laurence Bénaïm, *Issey Miyake – Fashion Memoir.* Nova York: Ed. Assouline/Universe Vendome, 1998.

Lula Rodrigues, *Manual de estilo Borelli.* Rio de Janeiro: Editora do autor, 2005.

Mara Luquet, *Tristezas não pagam dívidas.* 2a edição. São Paulo: Saraiva, 2005.

Titta Aguiar, *Acessórios – Por que, quando e como usá-los.* São Paulo: Ed. Senac São Paulo, 2008

Titta Aguiar, *Personal Stylist – Guia para consultores de imagem.* São Paulo: Ed. Senac São Paulo, 2009.

Trinny Woodall e Susannah Constantine, *O que suas roupas dizem sobre você.* São Paulo: Ed. Globo, 2006.

Trinny Woodall e Susannah Constantine, *What not to wear.* Londres: Ed. Weidenfeld Nicolson, 2002.

Este livro foi composto em
Arno Pro e Helvetica Neue
para Leya em maio de 2010